Gesell Selection

Die natürliche Wirtschaftsordnung durch Freiland und Freigeld

シルビオ・ゲゼル
Silvio Gesell

山田明紀［訳］
Akinori Yamada

ゲゼル・セレクション

アルテ

自然的経済秩序 I

Silvio Gesell
Die natürliche Wirtschaftsordnung
durch Freiland und Freigeld. 4.
Auflage, Berlin, 1920

Gauke GmbH

目次

第二部　自由地

Ⅲ

自然的経済秩序Ⅰ

第三版序文

大いなる希望は大いなる安心を与える！

本書で論じられている経済秩序は、人間の本性（自然）に適っているという意味においてのみ、自然的なものと呼ばれ得る。それゆえ、ここでは、自然の所産として自ずから生じるような秩序が扱われているわけではない。そんな秩序はそもそも存在しない。なぜなら、われわれが自らに付与する秩序はひとつの行為であり、それも意識的で故意の行為であるからである。

ある経済秩序が人間の本性（自然）に合致しているという証拠は、人間の発達を観察することで得られる。人間が最も健全に発達するところでは、経済秩序も最も自然的なものになる。この意味で、最も真実であると実証されている経済秩序が同時に技術的に最も効率の良いもので、産業統計局に最高の数値を提供するものであるかどうかは、優先順位の低い問題である。今日、技術的にはすぐれた効率を発揮するものの、それにともない人間を酷使することになるような経済秩序が、容易に思い浮かぶが、それでも、おそらくは、そのもとで人間が繁栄する秩序が効率の点でもよりすぐれていると実証されるにちがいないと、とりあえず想定しても許されるだろう。なぜなら、人間の仕事は結局のところ、他の人間とともにひたすら高みを目指すことでしかあり得ないからである。「人間は万物の尺度である」のだから、人間はその経済の尺度にもなるのである。

あらゆる生物と同様、人間の繁栄も、まず第一に、淘汰が自然法則に適ったかたちで生じることにかかっている。しかしながら、この法則は闘争を求める。経済的領域で優勢に進められる競争の途上でのみ、有用な発展、種の改良に到るのである。それゆえ、十全で奇跡的な効力をもつ自然の改良法則を手に入れようとする者は、自然が欲するように、言い換えるなら、自然によって提供される装備で、特権が完全に排除された状況下で、実際に競争が演じられることを、経済秩序の目標としなければならない。闘争の成果は、もっぱら生得の特性から生み出されねばならない。というのも、そうした場合にのみ、成果の原因は子孫に遺産として残され、普遍的な人間特性となるからである。子供たちは、貨幣、保証された特権ではなく、両親の能力、力、愛、知恵のおかげで、成果を得るのでなければならない。そうなれば、時とともに人間性が、千年に渡って貨幣と特権によって加えられてきた改悪が人間性に負わせてきたあらゆる劣等性から解放され、特権階級の手から支配権が奪われ、人間性が最も高貴な者たちの指導のもと、すでに長いこと妨げられてきた神的目的地への上昇を再び開始する、という希望をもつことも許されるだろう。

しかしながら、ここで論じられている経済秩序は、なお別の観点からも、「自然的」という呼称を要求する。

人間が繁栄するためには、人間はいかなる事態に遭遇しても、あるがままに振る舞えなければならない。人間はあるがままのものであるべきであり、それが見せかけであってはならない。人間は常に昂然と頭を上げて人生を歩み通すことができねばならず、そのせいで不都合や不利益を被ることなく、純粋な真理を語ってしかるべきである。誠実さは、英雄の特権にとどまるべきではない。経済秩序は、とりわけ誠実な人間こそが、経済的にも繁栄を享受できるように形作られねばならない。社会生活にともなう依存関係は、事実にのみ該当するのであって、人間に当てはめられるべきものではない。

人間は自らの本性に相応した振る舞いをすることを許されるべきであり、人間が経済的な行為に際して、正当な私欲、避けがたい自己保存の本能の表出に身を委ねる場合には、法、慣習、宗教が人間を擁護しなければならない。その際に、人間が道徳に反することなく繁栄を遂げているにもかかわらず、そのような行為に宗教的見地から異が唱えられるならば、悪い木には良い実はならないことをよく考えてみて、こうした見解を改めて検証し直してみるべきである。たとえばわれわれが、自らの宗教が首尾一貫して適用されることで極貧状態に陥ったり、自然の淘汰過程のなかで自らが子供たちとともに完膚無きまでに押しつぶされるかもしれない闘争において武装解除される、キリスト者のような状況に陥ることは許されない。至善至良の者たちが絶えず十字架にかけられても、人類にはいっさい益はない。種の改良には、むしろ逆のやり方が必要である。至善至良の者たちは、支援されなければならない。そうしてはじめて、人間のうちに微睡んでいる宝、計り知れないほどの宝をいつの日か皆が手にすることになる、という希望をもつことができるのである。

それゆえ、自然的経済秩序は私欲の上に築かれる。経済は、本性的な怠惰を克服するに際して、意志力につらい要求をつきつける。したがって、経済は強い原動力を必要とするし、私欲以外のいかなる性向も、必要とされる力強さと規則性をそなえた原動力を提供することはできない。私欲を考慮に入れて、それに依拠する国民経済学者は、正しく計算し、堅固な城を建てる。それゆえわれわれは、キリスト教の宗教的要求を経済に持ち込んではならない。それはそこでは役に立たず、偽善者を生みだすだけである。肉体的欲求が満たされたところに、精神的欲求は生まれる。経済的労働は、肉体的欲求を満たさなければならない。祈りや詩とともに労働を始めることを欲するなら、それは優先順位を逆転させた行為と言われるだろう。「有用な技芸の母は困苦であり、芸術の母は余剰である」（ショーペンハウアー）。別の言い方をするなら、ひとは飢えているかぎりは物乞いをし（bettelt）、満腹していれば祈る（betet）のである。

このような私欲の上に築かれた経済秩序は、その際決して、種を保存しようとする、より高次な衝動を妨げることはない。逆にそれは、人間に私心のない行為をなす機会のみならず、そのための手段も提供する。それは私心のない行為をなす可能性をとおして、この衝動を強める。それに反して、誰もが苦境に陥った友に保険会社に行くように指示し、病気になった家族を老人ホームに送り届け、国家がいかなる個人的援助も不必要なものにする経済では、思いやりに満ちた貴重な衝動は衰えるように、私には思われる。

私欲に基づいて構築された自然的経済によって、各人は自らが自由に処分することのできる労働収益を保証されることになる。自らの収入、賃金、収穫を貧窮に陥っている人々と分かち合うことに満足を見いだす者は、誰であれそうすることができる。誰もその者にそれを要求しないが、だからといって禁止するわけでもない。何かの物語にあるように、人間に課されうる最大の罰は、自分に向かって必死に助けを求めているが、自分には助けることのできない、困窮した人々の群れのところに連れていかれることだと言われている。しかし、もしわれわれが経済を私欲以外のものの上に構築するなら、もし各人が自らの労働収益を自由な判断に基づいて処理することができないなら、われわれは互いにこのようなぞっとする立場に引き込まれることになる。だがそれとともに、われわれは博愛の精神にあふれた読者を安心させるために、なおも、公共心と献身性はすべてがうまく運んでいるところでこそ最良の実をつけるということを、想起しておきたい。献身性は、人間が自らの力を信頼できるところに生じる、個人的な力感、安心感の随伴現象である。さらに加えて、私欲は利己主義と取り違えられてはならないことを、ここで言い添えておこう。近視眼的な者は利己主義的であるが、先見の明のある者は、全体の繁栄があってこそ自らの利益は確固たるものになることを、すぐに洞察する。

それゆえわれわれは、自然的経済を以下のような秩序、すなわち、人間が自然から授けられた装備をまとって全力で闘い抜かねばならず、それゆえ最も有能な者に指揮が任され、すべての特権は取り上げられ、個々人が私欲にしたがい、経済にとっては不必要な顧慮に行動を縛られることなく、目的に向かってまっしぐらに突き進むが、その外では依然としていやというほど無償の奉仕活動に従事できる、秩序であると解するのである。

この自然的秩序の前提条件のひとつは、われわれの今日の非常に評判の良くない経済において、すでに満たされている。この経済は私欲の上に築かれており、誰の目にも明らかなその技術的効率が、新しい秩序も持続可能であることを保証している。ただしその一方で、経済秩序における自然性の最も重要な柱を構成するもうひとつの前提条件——万人が闘争に際して対等な装備を有すること——が満たされることが、是非とも必要となってくる。改革に向けてひたすら努力する途上で、闘争の成果を歪める可能性のあるあらゆる特権を、あとかたもなく取り除いてしまうことが肝要となる。この目的に、いまここで論じられるべき、すべてを根底から揺るがすような要求——自由地と自由貨幣——は貢献するのである。

この自然的経済秩序は「マンチェスター主義」と呼ぶこともできるが、それは、真に自由な諸精神の念頭に常に目標として浮かんできた、あの秩序のことであり、何物の助けも借りずに自らの足で立ち、当局の干渉、国家社会主義、当局の短慮によって台無しにされたあらゆる者に理性を回復させるためには、諸力の自由な戯れに委ねられさえすればよい秩序のことである。

むろん、今日ではもう、このマンチェスター主義にかんしては、誤ったかたちで実行された試みのせいで自らの認識に自信を失うことがあり得ず、実践の誤りが即、構想自体の欠陥の証拠にはならない人々の前でしか、語ることが許されない。大多数の人々は、この学説全体を根こそぎ呪い尽くすためには、これまでマンチェスター主義として知るに到ったものを呪うことで、こと足りると思っている。

マンチェスター学派は正道を歩んでいたし、その後ダーウィンからこの学説に取り込まれたものも正しかった。ただし、その体系の真っ先にくる最重要の前提条件は吟味されないままだったし、いまや諸力が自由に優劣を競い合うべき闘争の場のことも気にかけられることはなかった。だが、国家がこれ以上経済機構に口を出さないことを前提として、所有地と貨幣の特権の封じ込めをともなう前述の秩序に、能うかぎり自由な闘争の保証は存しているということは（すべてが善意からではないとしても）受け入れられていた。

自然な流れでいくなら、プロレタリアートにも、自らが掠《かす》め取られたのと同じやり方で土地を奪還する権利を認めねばならないことは、みな忘却していたか、洞察しないようにしていた。その代わりにマンチェスター派の人々は、諸力の真に自由な戯れが生み出されるのを暴力的手段でとことん妨害するために、すでに干渉することで自由な戯れを台無しにしていた当の国家に、助けを求めたのである。そのように適用されることで、マンチェスター主義はその学説とまったく合致しないものとなってしまった。国民を詐欺にかける者たちが、特権を防護するために、いかなる特権も認めないこの学説を乗っ取ったのである。まさに詐欺であり、いかさまであった。

元来のマンチェスター主義を公正に評価するためには、のちになって行なわれた適用から出発してはならない。マンチェスター派の人々は、諸力の自由な戯れに、利率をしだいにゼロまで低下させることを期待していた。この期待は、市場への貨幣供給が最も良好であったイングランドで利率も最も低下した、という事実に基づいていた。それゆえ、貨幣供給を増やし、それによって従来の経済秩序につきもののこうした厭わしい汚点を払拭するためには、経済的諸力を解き放ち、その自由な戯れに委ねさえすればよいことになる。この学説の信奉者たちはまだ、われわれの貨幣制度にともなうある種の内的誤り（マンチェスター派の人々はそれを吟味することなく、自らの経済秩序に取り入れている）が、このような貨幣の力に敵対する発展に越えがたい障壁を設けることを、知らなかった。

さらに、マンチェスター主義の別の教義に従えば、財産を膨らませてきた一族の相続争いと自然的経済的な劣化の結果、大土地所有は分割され、その流れで地代は自動的に国民全体の所得になるはずであった。このような信念は、今日のわれわれからすると、いくぶん思慮に欠けたもののように思われるが、地代がマンチェスター派の人々によって要請された自由通商をとおして保護関税額の分だけ低下するにちがいない以上、この信念は正当なものであった。それに、蒸気汽船航路と鉄道制度によって当時実現した労働者の移住の自由が加わり、それによって、イギリスでは賃金が、地代を犠牲にして、取得に費用がかからず抵当にも入っていないアメリカの土地に入植する移民（自由地農民）の労働収益の水準まで上昇し、他方では同時に、この自由地農民の収穫量が――再びイギリスの地代生活者を犠牲にして――イギリスの農作物の価格を引き下げたのである（ドイツとフランスでは、もし国家が自らの干渉［金本位制］の結末を第二の干渉［穀物輸入関税］によって再び釣り合いのとれたものにしなかったなら、金本位制への移行によるこの自然的発展は、この時点で破滅的な事態にいたるほど先鋭化していたことだろう）。

したがって、この眼前で急速に進行中の発展のただなかに立っているマンチェスター派の人々が、その意義を過大評価し、諸力の自由な戯れによる自らの経済秩序の第二の汚点の除去を期待してもよいと信じたことも、よく理解できる。

彼らの第三の教義は、もし自らの原理の適用、諸力の自由な戯れのおかげで、自然発生的な局所的食料難を制御することがすでに可能となっているなら、同じやり方で、交通手段、商業機構、銀行制度等の改善により、経済の停滞の原因も取り除くことができるはずだ、というものであった。食料難が食料の局地的な分配をうまく行なわなかったせいであることが明らかであるように、経済の停滞の原因も商品分配がうまくいかなかったせいであると考えられたからである。そして実際のところ、諸国民の近視眼的な関税政策が国民経済、世界経済の進展をいかに妨害しているかを熟知している者は、従来の貨幣制度の欠陥が引き起こし得るひどい停滞をまったく予期していなかった自由農民、マンチェスター派の人々が、経済の停滞の一掃を迷うことなく自由通商に期待し得たとしても、情状酌量の余地があると認めるだろう。

それゆえ、マンチェスター派の人々はさらに次のように考えた。世界中が自由通商を行なうことにより国民経済を絶えずフル回転させておくことができるなら、このような中断されない連続的な労働によって、利子を押し下げ、ついにはなくしてしまう資本の過剰生産が生じるなら、われわれが諸力の自由な戯れによって地代に期待することまでが実現に近づくなら、国民全体の納税能力は、世界中の国家債務と地方自治体債務のすべてをこのうえなく短時日で一掃できるほど増強されるにちがいない。それとともに、その暁には、われわれの経済秩序の第四にして最後の汚点もあとかたもなく除去され、この秩序に基づく自由主義的思想が、全世界を相手に自らの正当性を証明することになる一方で、この秩序にたいして妬み、悪意をもち、幾重にも嘘を重ねる批判者たちは、沈黙を強いられることになろう、と。

こうした美しいマンチェスター派の希望が抱かれた日々から今日にいたるまで、その実現の影すら見えず、反対に、経済秩序の欠陥が長くのさばればのさばるほど厭わしいものになっていくとすれば、その原因は、物事にかんする無理解からマンチェスター派の人々によって古代から無批判に引き継がれた、貨幣制度に求められる。それは、マンチェスター派が期待している意味で経済が発展するやいなや、まさに役立たないものになる。貨幣が利子をその活動の条件としていること、経済の停滞、労働で所得を得ている階級の家計の赤字、失業はまさに従来の貨幣が引き起こしたものであることは、知られていなかった。マンチェスター派の希望と金本位制は、相いれないものであった。

自然的経済秩序はいまや、自由地と自由貨幣によって、マンチェスター主義の醜く、不快で、危険な随伴現象から解放され、諸力の真に自由な戯れのためのあらゆる前提条件を創りだす。そうなれば、このような秩序がそれでもなお、役人の極度の勤勉さ、義務への忠実さ、清廉潔白さ、博愛精神にあらゆる救済を求める当節流行りの邪神よりもはたして優れていないのかどうかが、判明するはずである。

私経済か、それとも国家経済か――第三の経済は存在しない。どちらも欲しないなら、求められる秩序のために、同業組合、公的団体、共存等の、懐かしい、信頼の念を起こさせる名前を案出することもできるが、そこには根本において、同様のぞっとするもの、個人の自由、自主独立、自己責任の死、言い換えるなら、役人の統制がかかわってくるという事実を、そうした名前は覆《おお》い隠すことができない。

本書でなされる提言にかんして、われわれはいまはじめて岐路に立つ。われわれは選択し、決断しなければならない。このような選択の機会は、これまでいかなる国民ももったことがない。いま、事実がわれわれに決断を迫る。もはや、これまでのように簡単にはいかない。われわれはわれわれの旧来の経済方式の構造的欠陥を除去するのか、それとも共産主義、財産共同制をとるのか、選択しなければならない。他に逃げ道はない。

熟慮のうえ選択することに、このうえない意義がある。もはや些細なこと、たとえば君主制か民主制か、またそれにまつわって、国家経済における労働効率が私経済のそれより高いかどうか、といったことが問題となっているのではない。このたびは、もっと高次のことが問題となっている。われわれは、人類のさらなる改良を誰に託すべきか、という問題に直面しているのである。冷厳な一貫性をもって支配している自然が淘汰を行なうべきか、それとも人間、しかも今日の堕落しきった人間の誤りやすい理性が、自然からこの任務を奪い取るべきか――それが、われわれが決定しなければならないことなのである。

自由な、いかなる種類の特権にももはや歪められることのない闘争による淘汰は、自然的経済秩序においては、完全に個人的な仕事の成果によって導かれ、それゆえ、個々の人間の特性を思う存分発揮させるものとなる。というのも、労働が、「生存競争」のなかに置かれた礼節ある人間の唯一の武器となるからである。ますます良くなり高まっていく仕事の成果によって、人間は競争を闘い抜こうとする。もっぱらこの仕事の成果に、人間が家庭をもつかどうか、いつもつのか、どうやって子供を養育し、自分の特性を確実に受け継がせることができるか、がかかっている。この闘争を、荒野の野獣に見られるような死闘やたとえば殺し合いのようなものと、考えてはならない。そのような淘汰方式は、その権力がもはや野蛮な諸力に依拠していない人間においては、意味のないものである。また、野蛮な力のおかげで地位を得た指導者に出会うためには、いまはすでに人類の発展史を遠く遡らねばならなくなっている。したがって、闘争は敗者にとって、当時のような残酷な結末をもたらすことはない。仕事の成果が少なくなるにつれて、家庭をもったり子供を養育するに際して、より大きな困難に逢着し、それはさらに、少なくなった子孫にも波及していかざるを得ない。個々のケースにおいては、常にそうなるとは限らない。そこには、運命が働く。だが、自由競争が有能な者を優位に立たせ、それがその子孫を増やすことにつながることには、疑念をはさむ余地はない。そして、人類の増殖を首尾よく上昇軌道にのせるためには、それで十分である。

そうやって回復されたこの自然淘汰は、自然的経済秩序においては、とりわけ子供の養育から生じる過重負担の代償として、地代が子供の数に応じて母親たちに分配される（スイスでは子供ひとりにつき月額四〇スイスフラン）というやり方で、性的特権も廃棄されることによって、さらなる支えを得る。女性を経済的に独立させるためにはそれで十分であろうし、その結果、女性が困窮から結婚に同意することもなくなり、もう気持ちの冷めている結婚を続けたり、「過ち」ののちに娼婦に身を落とす必要もなくなるだろう。だから、自然的経済秩序においては、女性に自由な選択権が保証されることになるし、しかもそれは空疎な政治的選挙権ではなく、偉大なる淘汰権、つまり自然の淘汰活動における最も重要な篩《ふるい》にほかならない。

それとともに、自然淘汰は、その十全で奇跡的な効果を回復する。生まれつき不自由さをかかえている人間の保護と増殖にたいする医術的効用が強まれば強まるほど、全般にわたる大きな自然淘汰の仕組みが十全な効用を保つことに、重きが置かれるようになるにちがいない。そうなれば、われわれはこのような医術の応用へと駆り立てる人間的‐キリスト教的な感情に、心置きなく身を委ねることができる。いくら病弱な者が不自由をかかえる者の増殖をとおして自然の淘汰活動に供給されても、淘汰活動はそれを克服することだろう。その場合にも、医術は人間の改良を減速させることができるだけであり、押しとどめることはできない。

それに反して、もしわれわれが国家経済の方を選択することになるならば、淘汰から自然を完全に締めだすことになるだろう。確かにそれでもまだ、人間の改良は名目上、国家には引き渡されないが、実際上は、国家がそれに最高度の監視を利かせることになる。男がいつ家庭をもつに到り、おのおの子供をどのように養育することができるかは、国家しだいとなる。国家が故人となった官吏に高給を払い、そうすることで個々の勤め人の増殖をこれ以上ないほど侵害するようになるにしたがって、それが一般化する。その際には、国家当局者のお気に入りになるタイプの人間が、大勢を占めるようになる。そのような人間は、自らの地位をもはや個人的な能力にも人類や世界にたいする自らの関係にも依らずに手に入れる。その際にはむしろ、権力党の首脳部にたいする自らの関係が決定的なものとなる。その者は不正な手段によってその地位を手に入れ、一番おべっかのうまい者が最も多くの子孫を残し、その子孫は両親の特性をきちんと受け継ぐことになる。服の流行の交替が白羊を増やしたり黒羊を増やしたりすることにつながるように、国営企業が人間を飼育する。一番おべっかの巧みな者たちからなる当局が、人間を「任命」し、昇進させたり冷遇したりする。それに加わりたがらない者は、不利な立場に追いやられる。この種の者は衰退し、しまいには完全に姿を消す。国家の鋳型が人間を形作る。この鋳型を超えて発展し続けることは、不可能となる。

国営企業で演じられるような社会生活について、ここで述べる気はない。だが、諸力の自由な戯れが、戦前にわれわれが知るようになっていたところの根底から台無しにされたモデルにおいてさえ、国民の大多数にいかに多くの自由を与えていたか、は想起しておきたい。貨幣を所有する人々が享受していた自主独立を超える独立は、まったく考えられない。彼らは完全な職業選択の自由をもち、自由裁量で働き、生きたいように生き、あちこち旅し、国家の監督などおよそ意に介さなかった。彼らがどこから貨幣を手に入れたかは、誰も尋ねなかった。小切手帳の形をした「魔法の食卓！」以外の荷物はもたず、彼らは世界中を旅してまわったのである！　実際、当事者にとっては理想的な状況であり、われわれの根本思想においては正しい経済に構造欠陥があるせいでこれらの自由を利用できない者――プロレタリアート――だけが、それを黄金時代とは認めなかった。しかしだからといって、こうしたプロレタリアートの嘆き、われわれの経済の構造欠陥が、この経済自体も斥け、その代わりに新しいものを導入するために、この自由をすべての者から奪い取り、すべてにおいて緊密に結合している国民全体を奈落に突き落とすべき、根拠となるのだろうか。反対に、この構造欠陥をとり除き、呻吟する労働世界を解放し、驚嘆すべき根本的な自由をすべての人間、くまなくすべての人間の手の届くものにする方が、理性的というものではなかろうか。なんといっても、いかにしてすべての人間を不幸にするかではなく、もっぱら人類の諸力の自由な戯れによって開かれる人生の喜びの源泉をすべての人間の手の届くものにすることに、課題が存するのである。

経済運営の観点から、したがってまた労働効率から、私経済を選ぶか国家経済を選ぶかという問題は、われわれが職業労働の労苦から生じる逡巡の克服のための一般的な原動力の地位に、自己保存衝動をつけるべきか、それとも種の保存本能(1)をつけるべきか、という問題と同義である。

この問題は、その直接的で歴然たる意義のために、おそらく途方もない時間を当てにする淘汰過程よりも、多くの者に密接に関わってくる問題であろう。したがって、この問題についても若干論じておきたい。

概して共産主義者、財産共同制の信奉者が、他者を――個人的に知らないかぎり――自分たちよりも利己的でないと見なすのは、奇妙な現象である。だから、まず第一に自分のことを考え、しばしば自分のことしか考えない、最も真正な利己主義者（エゴイスト）が同時に理論的にはその教義の熱狂的な信奉者となる、という事態が生じる。このことを自分で調べて納得したい者は、共産主義者の集まりで、住居共同体、給料補填といった、なんらかの典型的な共産主義的な提案をしてみさえすればよい。そうすれば、つい先頃まで財産共同制を言葉を尽くして褒めそやしていた同じ者たちが、みな即座に押し黙ることになる。彼らは賃金共同体が自分たちにとって得になるかどうかを計算するので、押し黙るのである。指導者はまったく馬鹿馬鹿しいかぎりの口実をもうけて、このような補填を言下に拒絶する。実際のところ、賃金共同体にとって、共産主義者の私欲ほど邪魔になるものはない。その際、総額を個々の家族の必要に応じて分配し、そうすることですでに今からこの厄介な領域で修練を積むために、工場労働者、地方自治体、労働組合が賃金をひとつにまとめることを、阻止する者など誰もいないのである。それさえ行なえば、彼らの共産主義的志操を全世界に示し、人間は共産主義者たりえないと言うすべての懐疑論者に、明確な反証をつきつける行動となるであろう。実際、このような共産主義的試みは、誰も――国家、教会、資本さえ――妨害しない。それを実現するためには、資本も、有給の官吏も、複雑な機構も、必要ない。いつでも、任意の規模で、始めることができる。しかし、共産主義者のもとでは真の公共経済への欲求がきわめて少ないようなので、そのための試みはいまだに一度もなされたことがない。加えて、資本主義の内部で演じられる賃金共同体は、さしあたり、共同の労働収益が各人の個人的欲求にしたがって分配されることしか要求しない。それにたいして、財産共同制の上に築かれた国家にとっては、さらにこの基盤が個々人の労働意欲にいかなるマイナスの影響も及ぼさない、という証明がなされねばならないだろう。共産主義者なら、このこともいわゆる賃金の平準化によって証明することができるだろう。というのも、個人的な勤勉にたいする個人的な特別利益をなくす賃金共同体の導入後、忍耐力、なかんずく出来高払いの労働における忍耐力が減退しないなら、労働賃金の総額が賃金共同体によって損なわれないなら、共産主義者のうち最も有能な者たちが、自らのしばしば二倍、三倍にものぼる賃金を、今日自らの財布に突っ込むようにすすんで賃金貯蓄銀行に入れるならば、完璧な証明となるであろうからである。多くの者が財生産の領域で行なってきた公共経済的な試みがすべて失敗に終わったことなど、賃金共同体の提案が常にあからさまに拒否されてきたという単純な事実と較べれば、共産主義の不可能性を証明する決め手にはまったくならない。なぜなら、財生産における公共経済は、特別の設備を必要とし、従属関係や技術的および商人的な管理、さらには労働手段をも要求するからである。したがって、その失敗はさまざまな仕方で解明され得る。それらは、事柄自体、公共経済の正しい精神の欠如、連帯感の欠如にたいして、無条件にマイナスとなる材料を提供するものではない。それにひきかえ、賃金共同体にかんしては、こうした言い逃れはまったくできない。彼らの拒絶は直接、共産主義的精神への反証となり、職業労働の労苦を乗り越えるためには種の保存衝動では足りないことの証明となっている。

そして、こうした共産主義にかんする推断と対比して、古代人の公共経済、ならびに原始キリスト教の時代への注意を喚起しても、何の役にも立たない。原始キリスト教徒はどうやら所得共同体しか知らず、それよりはるかに困難な財生産の共同体のことは知らなかったようであり、宗教的な見地から行動していたにすぎない。また、家族共産主義、信徒共産主義を実践した別の者たちは、家父長や族長の命令権に服していた。彼らは服従を求める強権のもとで働いたのであり、自らの衝動に従ったわけではない。彼らは困窮のせいでそうすることを余儀なくされたのであり、他に選択肢はなかった。それにそこでは、各人の業績の差が即座に測定可能なかたちで一目瞭然となる、商品生産や分業が問題となっていたわけではない。古代人は、農耕、狩猟、漁労において、ともに行動した。古代人は協力して働き、そこではある者の生産量の多寡など、まったく注意を引かなかった。そのための測定基準は存在していなかったし、必要ともされていなかった。それで、うまくいっていた。商品生産や分業とともに、そうした状態は終わってしまった。そこでは個々人が共同労働の産物に何エレ、何ポンド、何シェッフェル提供したかを誰もが即座に目にし、分配に際しての平和な気分は終わりを告げた。いまや誰もが自分の労働の産物を意のままにしたがり、しかも何よりもまず、最も有能な者は最も高い業績を上げねばならず、それゆえ、共同体内で最高の名声を博するようになった。指導者たちは公共経済的な集団を解体しようと努力し、平均値を超える業績を上げた者は皆、彼らを支持した。私経済の可能性が与えられるやいなや、公共経済は崩壊せざるを得なかった。公共経済、共産主義が崩壊したのは、外部から攻撃を受けたからではなく、他国の軍隊を恐れたからでもなかった。それはこの場合、最も有能な者からそのたびごとに補給を受けた「内部の敵」に屈したのである。もし財産共同体の思想が私欲よりも強い衝動、万人に共通した衝動を基盤とするものであったならば、地歩を固めることができていただろう。公共経済の信奉者たちは、なんらかの出来事によっていつなんどき追い散らされようとも、自ずから繰り返し再結集していたことだろう。

しかし、公共経済において有効な衝動、種の保存衝動（公共心、利他主義）は、私経済に帰着する自己保存衝動の薄められた解決策にすぎず、希釈が進むにつれて、効力の点で自己保存衝動に劣るようになる。共同体（コミューン）が大きくなればなるほど、希釈は進み、労働によって共同体の保存に寄与する衝動は弱まっていく。仲間とともに働く者はすでに、労働の成果を独りで享受する者よりも耐久力に欠ける。一〇人、一〇〇人、一〇〇〇人の仲間がいるならば、労働意欲も一〇人、一〇〇人、一〇〇〇人で分かち合うことができる。それどころか、もし成果を全人類が分かち合うべきだとするならば、誰もが心のなかで「成果がもはや私の労働にかかっていないならば、私の労働は大海の一滴である」と思うことになる。そうなれば、労働はもはや衝動的には行なわれなくなり、外的な強制力が必要となる！

それゆえ、ノイエンブルクの学者 Ch. スクレタン Secrétan（訳註 スイスの哲学者。カントの影響で、自由と義務を根底とする倫理的意識の理論を構築した）が次のように述べたのは、やはり正しいことになる。「主として私欲こそが、労働に原動力を与えるはずである。したがって、この原動力に力と運動の自由を与えるものはなんであれ、促進されなければならない。この原動力を妨げたり弱めたりするものはなんであれ、有害なものとして排撃されなければならない。これこそ、近視眼的で博愛主義的な憤慨による蔑みや教会の永遠の断罪を受けても、そこから出発すべき原則、揺るぎない一貫性をもって適用されねばならない原則である」

それゆえわれわれは、十分な根拠をもって、自然的経済秩序という遠大な目標に無関心であると信じている者たちもこの秩序から利益を得る、と約束することができる。そうした者たちも、もっとご馳走でいっぱいの食卓、もっと美しい庭、もっとよい住居を楽しむようになるであろう。自然的経済秩序は、技術的にも、今日の秩序や共産主義的秩序よりも優れたものになるであろう。

一九一八年秋

シルビオ・ゲゼル

原註

（1）われわれは各々の人間のうちに多かれ少なかれ強力に発展させられた、全体、種——共同体、民族、人種、人類——の保存を指向する衝動を、このように呼ぶ。

第四版序文

いまやすでに多数にのぼり、活動範囲を広げている、自然的経済秩序の信奉者たちの熱心な宣伝活動のおかげで、すでに分厚い第三版につづけて、早急にこの第四版を出版せざるを得なくなった。内容にかんしては、戦争は私に何も新たなことは示さなかったし、私はどんな些細な点においても考えを改める必要はなかったうえに、戦前に私が書き記したことは戦争や革命的事件によってひとつ残らず確証された、と言うことができる。それは、理論的内容のみならず、政治的評価についても言えることである。資本家、共産主義者、マルクス主義者にたいしては、戦争は多くの反省材料を与えた。多くの者、大部分の者は、自らの綱領が信じられなくなり、拠り所を完全に失って、途方にくれている。ほとんどの者はもはや、どの政党に与すればよいのか、皆目わからなくなっている。あらゆることが、この自然的経済秩序に帰着する根本命題の正しさを確証している。

諸政党はことごとく、経済的綱領を欠いている。それらは皆、スローガンによって束ねられているにすぎない。資本家自身でさえ、資本主義から抜け出さねばならないことを認識している。ボルシェヴィズムや共産主義は、まだロシアの地方でしばしば目にされるような未発達の文化状態にとってはあり得るものかもしれないが、高度に発達した、分業に適合した国民経済にたいしてこのような先史時代の経済形態を適用するのは、不可能である。ヨーロッパ人はもう成長を遂げて、共産主義と不可分の束縛を脱している。ヨーロッパ人は、資本主義的搾取のみならず、実際のところ共産主義に適合した共同体内の共同生活においては避けることのできない当局の干渉からも、自由になることを欲している。同じ理由で、今日試みられている国有化にかんしても、われわれはてひどい敗北を喫することになるだろう。財産共同制のなかに生きている共産主義者が最右翼、つまり社会的発展の出撃地点に立っており、それゆえ共産主義的な要求が反動の最後の一歩を意味しているとするなら、自然的経済秩序は、行動綱領、最左翼が前進するための綱領と見なされなければならない。その間に存在するものはすべて、発展の過渡的段階にすぎない。

群畜的人間、部分的人間から、自立した全人、個人、無支配人間、つまりは他者からのいかなる支配も受け入れない人間への発展は、分業の開始とともに始まる。この発展がわれわれの土地法と貨幣制度の欠陥――自らの防護のために、今日存在しており、共産主義と自由経済の中間的存在を表わしているような国家を再び構築した、資本主義がつくりだした欠陥――によって中断されていなかったら、それはとっくに既成事実となっていたことだろう。われわれは、このような発展段階に止まっているわけにはいかない。どっちつかずの存在が生み出した矛盾は、すでに古代の諸国家の没落を引き起こしたように、時とともにわれわれの没落も引き起こすことになろう。今日問題となっているのは「突破か没落か」であり、停滞、後退ではなく、われわれがなおも止まり続けている資本主義の隘路を通り抜けて戸外へ脱出することである。

自然的経済秩序は新しい秩序でもなんでもなく、人工的に組み上げられたものでもない。分業を出発点とする秩序の発展から、われわれの貨幣制度と土地法の組織的欠陥から生じた障害が取り除かれたものにすぎない。それ以上のことは何も起きていない。自然的経済秩序は、ユートピア、実現不可能な熱狂とは何も共有していない。なんらの法的措置も必要とせずに自らに依って立ち、国家、当局、いかなる監督も不必要なものにし、われわれを形作る自然の淘汰法則を尊重する、自然的経済秩序は、それを求めて努力する人間に、「自我」の全き発展、すなわち、シラー、シュティルナー、ニーチェ、ランダウアーの理想を具現する、他者のあらゆる支配から解放され、自己責任を自覚している人格に向けて、開かれた道を用意するものである。

一九二〇年五月五日

シルビオ・ゲゼル

第一部　財の分配 およびそれを支配する経済状況

序　章

「事業家たちに現行利子の半分で貨幣資本が提供されるなら、その他のあらゆる資本の利子収入も、まもなく半分に下落するにちがいない。たとえば、一軒の家が事業家がその建築費の利子に要する費用よりも多くの家賃をもたらすならば、また、山林の開墾のために支払われる貨幣の利子が同等の耕作地の借地料よりも低いならば、競争は確実に家賃や賃貸料を引き下げられた貨幣利子の水準まで引きずり下ろすだろう（それゆえ、剰余価値を縮減するだろう）。というのも、実物資本（家屋、耕地）の価値を下落させる（したがって、賃金に有利になるように剰余価値を削減する）ための最も確実な手段は、実際、それとならぶ別の新たな資本を創出し、稼働させることに存するからである。あらゆる経済法則に従えば、増大した生産は労働者に提供される資本の総量も増加させ、賃金を上げ、最終的に利子（剰余価値）もゼロにするにちがいない」

（プルードンProudhon『所有とは何か Qu'est-ce que la propriété ?』パリ Flamarion 新版 二三五ページ）

不労所得、いわゆる剰余価値、利子や金利とも呼ばれるものの廃棄が、あらゆる社会主義的努力の直接的な経済的目標である。この目標を達成するためには、一般的に、共産主義、財生産の国有化がそのあらゆる帰結とともに要求されているが、資本の本質についての考察をとおして、この課題を解決するためには別の方法があり得るのではないかと考えるようになった唯一の社会主義者――P・J・プルードン――がいることを、私は知っている。自然すなわち生産手段の特性が、全生産の全般的国有化を要求する理由であるとされる。ひとは自明のことを口にするのが常であるとはいえ、生産手段の所有は、賃金交渉に際して、どんなことがあろうと、資本家側を労働者より優位に立たせるにちがいなく、その表れがまさに剰余価値もしくは資本利子であり、また常にそうであり続ける、と無邪気に言う。今日所有する側に存する優位性が、まさに有産階級のために既存の家、工場に加えてさらに家、工場を建てるだけで、無産階級（労働者）へ移行する、ということには思いが至っていないのである。

すでに五〇年前にプルードンから社会主義者に示された道、すなわち、粘り強く、勤勉で、洞察力をもち、なんの束縛も受けない労働により、資本を意識的に攻撃し、打ち負かすという道は、今日彼らにとって、当時よりさらに不可解なものとなっている。

確かにプルードンは完全に忘れ去られたわけではないが、誰ひとり彼を正しく理解していない。理解されているのであれば、今日もはやいかなる資本も存在していなかっただろう。プルードンは道を誤った（交換銀行）ので、彼の学説はもう信じられることはなかった――そのことこそ、それが実際にまったく理解されていなかった、という最もよい証拠である。ひとはいったん正しいと認めたものを手放すことはないし、失敗したからといって、そう簡単に意気消沈することもない。

なぜマルクスの資本学説はプルードンを押し退けて、社会主義運動で独占的地位を占めるに到ったのだろうか。なぜマルクスとその学説が、世界中の新聞で論じられているのだろうか。ある者は言う。それは、マルクス学説には先行きの見込みがなく、それゆえ人畜無害であるせいだ。キリスト教の教義に脅威を感じる資本家がいないように、この学説に脅威を感じる資本家はいない。マルクスとキリストについてできるだけ多く幅広く論じれば、まさに資本にとって有利に働くことになろう。マルクスは資本の本性について誤った評価を下しているので、資本に害を与えるようなことはいっさいなかろう。それにひきかえ、プルードンには注意が必要である。彼のことは黙殺した方がよい。彼は危険な輩だ。なぜなら、彼が述べること、すなわち、もし労働者が妨害されず、束縛も受けず、間断なく働くことを許されるなら、資本はほどなく資本の過剰生産（商品の過剰生産と混同してはならない）によって、窒息死するだろうという主張には、まったく反論の余地がないからである。プルードンが資本の制圧のために推奨することは、今日にでも着手できるので、危険極まりない。確かにマルクスの綱領自体は、近代的な装備をもち、近代的で熟練した労働者の巨大な生産力について、語ってはいる。マルクスには、この巨大な生産力をつかって何かを企てることなどできないが、プルードンの手にかかると、それは資本にたいするとびきり上等の武器になる。それゆえ、マルクスについて語れば語るほど、おそらくプルードンは忘れ去られるだろう、と。

私には、こう語る者が正しいように思われる。ヘンリー・ジョージ Henry George（訳註 アメリカ合衆国の政治家、政治経済学者。農地改革家。一八三九〜一八九七年。土地を人類の共有財産であると見なし、諸税を廃止して地価税に一本化することを提唱する。主著『進歩と貧困』）やドイツのいわゆる土地改革運動、ダマシュケ Damaschke（訳註 ドイツ土地改革者同盟を指導。一八六五〜一九三五年）の高尚な「真理」にかんしても、そういうことになるのではないだろうか。土地所有者はすぐに、ここで問題となっているのは狼の頭巾をかぶった羊[1]にすぎず、地代の課税が実効性をともなって実行されることはあり得ないことが分かったので、こうした人物もその改革も恐れる必要がなかった。したがって、新聞はヘンリー・ジョージの浮かれ騒ぎを自由に論じることを許された。——土地改革家は、上流階級のいたるところで歓迎された。大地主も穀物関税主義者も皆、土地改良家になった。しかし、このライオンには牙がなかったので、ひとはそれと戯れることもできた——上流階級の広間で、多くの者がキリスト教と戯れているように。ジョージの本は、一冊の本がかつて重ねたことがないほど版を重ねた。あらゆる新聞が競って書評を掲載した！

マルクスの資本研究は、はじめから逆の道を辿っている。最良の農民がそうするように、マルクスも資本を物財と見なす。それにたいして、プルードンにとっては、剰余価値は物財の所産ではなく、経済的状況、すなわち市況の所産である。マルクスは、剰余価値のなかに強奪、すなわち所有が与える力の乱用の所産を見ている。プルードンにとっては、剰余価値は供給と需要の法則に従っている。マルクスにとっては、プラスの剰余価値が当たり前であるが、プルードンにとっては、マイナスの剰余価値の可能性も考察範囲に入っている（プラス＝供給側つまり資本側の剰余価値、マイナス＝需要側つまり労働者側の剰余価値）。マルクスの解決策は、組織によって作り出されるべき失業者の政治的優位性である。プルードンの解決策は、われわれの生産力の全面的な発展を妨げている障害の除去である。マルクスにとっては、ストライキ、恐慌は歓迎すべき出来事であり、目的のための手段は最終的には収奪者の暴力的収奪である。それにたいして、プルードンは言う。「いかなる状況下でも、われわれの労働を妨害させてはならない。ストライキ、恐慌、失業ほど、資本を強化するものはない。弛みのない労働ほど、資本の耐久力を弱めるものはない」。マルクスは言う。「ストライキ、恐慌は、諸君を目標に近づける。大きな混乱をとおして、諸君は楽園に導かれる」。プルードンは言う。「いや、それは正しくない。それはペテンである――それらの手段はすべて、諸君を目標から遠ざける。そのようなやり方では、利子から一％も奪い取ることはできない」。マルクスは私有財産のなかに、力と優位性を見ている。しかるにプルードンは、この優位性は貨幣にその立脚点を有しており、そのうえ、所有の力は状況次第では弱みともなり得ることを、認識している。

マルクスが言うように、資本がその所有に資本家の優位性が起因するところの物財であるならば、物財が増加するたびごとに資本は強化されるはずである。一束の麦藁、手押し車いっぱいの世界文学が二ツェントナーの重さであるならば、二束の麦藁、二台の手押し車いっぱいの世界文学は、どこでも、いつの時代でも、正確に四ツェントナーの重さになる。そして、一軒の家屋が年に一〇〇〇マルクの剰余価値を生みだすなら、その傍らに建てられる十軒の家屋は、常に言うまでもなく一〇×一〇〇〇マルクを生み出すはずである――ただし、資本が物財と見なされることが正しいならば、の話ではあるが。

しかしわれわれは、資本は物財のように合算することができず、反対に、非常にしばしば、既存の資本から新たに加わった資本が差し引かれねばならないことを、知っている。こうしたことは、日々観察できる。状況によっては、一〇ツェントナーの魚は、市場で一〇〇〇ツェントナーの価値をもつ。もし空気がこれほど大量に存在していないなら、どれほど高価なものになるだろうか。今は誰でも空気を無償で手に入れられる。

戦争が勃発する少し前、家賃――それゆえ剰余価値――の下落に捨て鉢になったベルリン郊外の家主たちの指示により、ブルジョア新聞で大真面目に

労働者と事業家の建築熱

住宅資本に蔓延している建築病(2)

について語られたとき、誰もがその悲惨な状況のなかに、資本の真の本性を見て取った。マルクス主義者に恐れられている資本が、建築病で死に、労働者の建築熱から逃亡する！マルクスとプルードンが当時生きていたら！「建築を止めよ」とマルクスなら言っただろう。「嘆き、哀願し、失業を悲しみ、さらにストライキをせよ。なぜなら、諸君が建てる家はすべて、二たす二は四になるごとく、資本家の力を増大させるからである。資本の力は剰余価値、この場合は利率で測られる。剰余価値、家賃が高くなればなるほど、資本はまちがいなく強化される。だから、私は諸君に、この果てしない建築熱から冷め、六時間‐八時間労働を要求することを勧告する。なぜなら諸君が家をたくさん建てれば建てるほど、当たり前のことだが、剰余価値、家賃――剰余価値である――は増大するからである！したがって、建築病にかんする結論は次のようになる。諸君が家を建てなければ建てないほど、家賃が安くなるのを、諸君は目の当たりにするだろう」

おそらくマルクスなら、このような馬鹿げたことは言わないように用心しただろうが、今日、労働者は、資本を物財として扱うマルクスの学説に基づいて、そのように考え、行動しているのである。

それにたいするに、プルードンならば、「どんどん進め！建築熱よ来たれ！建築病よ来たれ！」と言ったであろう。「労働者よ、事業家よ、どんなことがあっても左官ごてを手からもぎ取られるな。諸君の労働を妨げるものは、打倒せよ。それは諸君の不倶戴天の敵である。家賃がまだ剰余価値、資本利子の痕跡を示しているかぎりは、建築病、住居の過剰生産について語る者がいたら、私の前に引きずり出せ。資本は、建築病が原因となって滅びる運命にあるのだ！およそ五年間にわたって、諸君の建築熱は監視されることなく放置されてきたが、資本家たちは早くも感づき、剰余価値の下落に悲鳴を上げている。家賃はすでに四％から三％に――したがってまるまる四分の一――下落してしまった。なおも五年の労働を妨害されずに三回続けられれば、諸君は剰余価値から解放された家で広い場所を占めることができるようになり、実際のところいつかは『居住』できるようになるだろう。資本は衰えていく。諸君は資本が諸君の労働によって滅ぼされる途上にいるのである！」

真理は、悠久のナイルの泥のなかに棲むワニのようにものぐさである。真理にとっては、時間は意味をもたない。人間の一生など、真理にとってはどうでもよいことである。そう、真理は永遠である。

だが真理には、人間のように死すべき運命にあり、常に先を急ぐ、興行師がいる。彼にとっては「時は金なり」であり、彼は常に活動的で高揚している。この興行師は「誤謬」と呼ばれている。

誤謬は墓のなかで腐りながら、永遠を走馬灯にように思い浮かべていることはできない。それはいたるところでぶつかり、いたるところで突き飛ばされる。それはいたるところであらゆるものの邪魔をする。誰もそれをおとなしくさせておくことはできない。それは真の躓《つまず》きの石である。

それゆえ、プルードンが黙殺されることは、まったく問題ではない。彼の敵対者のマルクスでさえ、誤謬に囚われつつも、すでに真理が明らかになるように尽力している。そしてこの意味で、マルクスはプルードンの興行師になっている、と言うことができる。プルードンは草葉の陰で嘆き悲しんだりすることもなく、安らいでいる。彼の言葉は不朽の価値を有している。だが、マルクスは急いでいる。プルードンが目覚めて、彼に人類の誤謬博物館での永遠の休息を与えるまで、マルクスには憩いがないのである。

そして、たとえプルードンが本当に黙殺されたとしても、資本の本性は変わらない。また別の人間が真理を発見する。発見者の名前など、真理にとってはどうでもよいことである。

本書の著者はプルードンが歩んだのと同じ道を辿り、同じ結論に達した。そのうえ、おそらく著者がプルードンの資本理論について何も知らなかったことが幸いしたのだろう。というのも、そうすることで、著者は予断をもたずに仕事にとりかかることができたからである。そして、予断をもたないことこそ、研究にとっては最高の準備となるのである。

著者はプルードンよりも幸運に恵まれている。著者はプルードンがすでに五〇年も前に発見したもの、すなわち資本の真の本性を見い出したのみならず、それを越えて、プルードンの目標にいたる通行可能な道をも発見ないし案出した。結局のところ、問題となるのはその道なのである。

プルードンは問う。「なぜわれわれには、家、機械、船が不足しているのだろうか」。彼はそれにたいして、正しい回答も用意した。「それは、貨幣が建造を許さないからである」。あるいは、彼自身の言葉を用いるなら、「それは、貨幣が市場の入り口に立てられ、誰も通さないための符丁を与えられた、歩哨の役割を果たしているからである。貨幣は市場（ここでは、生産物の交換と解されるべきである）を開けるための鍵であると諸君は思っているが、それは正しくない。貨幣は閂《かんぬき》なのである」。貨幣はともかく、どの家にたいしても、それに加えて第二の家を建てるのを、許さない。資本が従来どおりの利子をもはや生まなくなるやいなや、貨幣はストライキを起こし、労働を妨害する。それゆえ、貨幣は実際上、建築病、労働熱にたいする防護手段のように働く。貨幣はいかなる資本増加からも、資本（家屋、工場、船舶）を護るのである。

プルードンは貨幣の閂もしくは遮断機としての本性を認識するや、次のことを要求した。「商品と労働を現金の地位に昇格させることによって、この貨幣の特権と闘おう！　なぜなら、二つの特権が対峙すれば、それらは相殺されることになるからである。貨幣と同じ優位性を商品にも付与し、そうすることで、二つの優位性を相殺してしまおう！」

これがプルードンの思想であり、提言であった。そしてこれを実行するために、彼は交換銀行を設立した。プルードンは周知のごとく、失敗した。しかしながら、プルードンにはうまくいかなかったこの課題の解決は、きわめて容易である。そのためには、慣れ親しんできた貨幣所有者の立場をいったん捨てて、労働と商品所有者の立場からこの課題を吟味し直しさえすればよい。そうすれば、解決法はすぐに見つかる。国民経済の真の基盤は商品であって、貨幣ではない。われわれの富の九九％は商品とその集積体からなっており、貨幣からなる富は一％にすぎない。それゆえ、われわれは台座を考察するように商品を考察し、論じよう。言い換えるなら、それには触れないでおこう。商品を市場にそれが現われるままの状態に放置しておこう。どっちみち、それにかんしては何も変えることはできない。商品が腐り、壊れ、消滅しても、それでよし、消えるに任せよう。そう、それがその本来の姿である。われわれがプルードンの交換銀行をどんなに改良しても、朝六時ごろに走り回る売り子によって呼び売りされる新聞が、買い手が見つからなければ、二時間後にはもうごみ箱に投げ捨てられるはめになるのを、防ぐことはできない。われわれは、貨幣が一般的に貯蓄手段として使われていること、交換手段として商業に役立つあらゆる貨幣が、貯蓄銀行に流れ込み、利子によって誘《おび》き出されるまでそこに止まることも、顧慮しなければならない。しかしながら、われわれは預金者のためにもなるように、いったいどうやって商品を現金（金）の位階に引き上げればよいのだろうか。預金者が貨幣を預金する代わりに、彼らの貯金箱や貯蔵庫を麦藁、書物、脂身、魚油、毛皮、糞化石、ダイナマイト、陶磁器などで満たすようにするためには、われわれはどうすればよいのだろうか。だがそれこそ、プルードンが商品と貨幣を同じ位階に据え、両者を完全に等価値にしようとした際に、本当は追求していたことなのである。プルードンは、今日の貨幣が交換手段であるのみならず、貯蓄手段でもあること、預金者の貯蔵庫にとっては、貨幣とジャガイモ、貨幣と石灰、貨幣と布地は決して等価物とは見なされていないこと、を見落としていた。老後に備えて貯蓄している若者は、最大級の倉庫の中身より比類なき金貨を優先することだろう。

それゆえ、商品のことはそっとしておこう。それは所与のものであり、他のものが受け入れなければならない世界である。その代わりに、貨幣を一度とっくり観察してみよう。これならもっと容易に変更できる。貨幣は現在あるようなものであらねばならないのだろうか。貨幣は商品として、自らが交換手段として仕えるべき商品よりも良いものなのだろうか。商品倉庫の大火、洪水、恐慌、流行の交替などの際に、もっぱら貨幣だけが損害から守られねばならないのだろうか。なぜ貨幣は、自らが交換手段として仕えるべき商品よりも良いものでなければならないのだろうか。そして、この「より良いもの」はまさしく、その存在をわれわれが剰余価値の原因と解し、その廃絶をプルードンが追い求めたところの、特権ではないのだろうか。そうであるなら、貨幣の特権など消え失せるべし！ 貨幣は商品として、誰にとっても、預金者、投機家、資本家にとっても、市場、商店、鉄道倉庫の中身より良いものであるべきではない。貨幣が商品にたいしていかなる特権も有してはならないとするなら、商品のように錆《さ》び、黴《かび》がはえ、腐るべきである。貨幣は食い破られ、病気になり、逃亡すべきであり、もし貨幣が死ぬなら、保有者は獣皮加工業者の労賃も支払うべきである。そのときはじめて、われわれは、貨幣と商品は同じ位階に立っており、完全に等価物になった、と言うことができよう――プルードンが欲したように。

こうした要求を、商業的に表現してみよう。われわれは言う。商品の所有者はなべて、保存期間中に質的量的損害を被る。それに加えて、保管費（家賃、保険、整備費など）が支払われなければならない。それは、年に平均してどのくらいの額にのぼるのだろうか。過大というよりもむしろ過少に見積もって、まあ五％と言っておこう。だが、銀行、資本家、預金者は、家や貯蓄銀行に保管してある貨幣から、どれほど減価償却しなければならないのだろうか。シュパンダウ要塞の塔に寝かされていた戦争賠償金は、四四年間でどれほど減少しただろうか。財宝は一プフェニッヒたりとも減ってはいない！

だが、そのとおりであるならば、われわれの問いにたいする答えはすでに出ている。すなわち、倉庫の商品が被るのと同じ損害を貨幣にも押し付けるのである！　そうすれば、貨幣はもはや商品より良いものではなくなり、貨幣を所有、貯蓄しようが、商品を所有、貯蓄しようが、誰にとっても同じことになり、貨幣と商品は完全に等価値になり、プルードンの謎は解かれ、彼の魂は煉獄から解放される。昔から人類の諸力の発展を阻んできた鎖は断ち切られる。

この研究を社会政策的綱領（自然的経済秩序）にまとめあげる作業は必然的に、いま問題となっている謎の解決をさしあたって三～五部に回し、「自由地」の部を先にもってくるという手順を踏むことになる。このような手順を踏むことで、見通しがきくようになり、目的、つまり自然的経済秩序がより明らかになる。だが、プルードンの問題がどのように解決されたかが何よりも重要だと考える読者は、三～五部から読み始めて、最後に一、二部に進まれたらよかろう。

原註

（1）エルンスト・フランクフルト Ernst Frankfurth『不労所得 Das arbeitslose Einkommen』Verlag Junginger,Arosa

（2）『グロス・リヒターフェルデ新報 General-Anzeiger von Groß -Lichterfelde』の表現

（3）グスタフ・ランダウアー Gustav Landauer『社会主義者 Der Sozialist』（訳註 原文中に註の個所の指定なし）

第一章　目標と方法

すでに序章で述べられたように、不労所得の廃絶、利子や地代とも呼ばれるいわゆる剰余価値の廃絶こそが、あらゆる社会主義的努力の直接的な経済的目標である。この目標を達成するためには、全般的に財生産全体の国有化が、それにともなうあらゆる必然的な結果とともに要求され、必須のことであると宣言される。

無産階級のこの全般にわたる要求は、マルクスが資本の本性にかんして行なった経済的研究によって支えられており、それによれば、剰余価値は私企業および私的所有と分かちがたく結びついた付随現象と見なされるべきものである。

ここにいたっていまや、この学説が誤った前提から出発しており、それを訂正すれば、正反対の結論に到ることが示される。この結論は――マルクスの敵対者であった社会主義者プルードンが、すでに五〇年も前に労働者たちに語り、証明していたように――資本のなかにはいかなる物財も認めてはならず、需要と供給によって全面的に制御された市況を見なければならないことを、教える。

そうすると、もしわれわれがわれわれの転倒した土地法および同じく転倒した貨幣制度に由来するある種の人為的障害を取り除くなら、また、それによってまず、われわれの今日の経済秩序に手をさしのべて、その本来の健全な根本思想を完全なかたちに発展させるなら、こうした資本理論の修正と完全に合致したかたちで、労働者は自らの労働をとおして、資本にとっては最短期間（一〇～二〇年）で、剰余価値が残らず消え去り、生産手段が資本特性を失うように、市況を意のままに形成できるようになることが、明らかとなる。そうなると、労働資材の私的所有は、たとえば貯金箱の所有者が自らの財産にかんして有する以上の他のいかなる利点も提供しなくなる。それは、所有者にいかなる剰余価値ももたらさないが、所有者はその中身を徐々に費消することはできる。その際に労働資材に支出される蓄えやその他の貨幣は、自然な崩壊や生産手段（家屋、船舶、工場）の消費と歩調を合わせた毎年の減価償却に応じて、個人的消費のために所有者によって自由に使われることになろう。無制約の、勤勉な、現代の生産手段によって支えられた労働によってのみ、猛犬、すなわち驚きのあまり呆然と見つめられ、恐れられている資本は、いまだかつて剰余価値をもたらしたことがなく、打ち砕いてはじめて中身に手を伸ばすことができる、今日子供の傍らに置かれている陶製の貯金箱が演じている、無害な役割を演じるように宣告される。土地を扱う本書の第一部、第二部においては、どうすれば共産主義によらずに、剰余価値から解放された農業、建築業、鉱業が営まれ得るか、が示される。新しい資本理論を含むそれ以降の部においては、どうすればその他の生産手段を国有化せずに、剰余価値をわれわれの経済秩序からすっかり取り除き、労働全収益にたいする権利を創出できるか、という難問が解決される。

第二章　労働全収益とは何か

自らの労働収益で暮らしている者は誰でも、本書で言うところの労働者と見なされる。農民、職人、賃金労働者、芸術家、兵士、将校、国王は、そういう意味で労働者である。われわれの国民経済において、こうしたあらゆる労働者と対照をなしているのは、ひとり金利生活者だけである。というのも、彼らの収入はいかなる労働にもよらずして彼らの懐に入るからである。

われわれは、労働生産物、労働販売額、労働収益を区別する。労働生産物は、労働の結果として生じるものである。労働販売額は、労働生産物の販売もしくは賃金契約がもたらす貨幣のことである。労働収益は、労働販売額によって購入され、消費地で生み出されるものである。

賃金、謝礼、給与といった用語は、労働生産物がたとえば道路清掃、詩作、統治のように実体的なものでない場合に、労働販売額の代わりに用いられる。労働生産物が椅子や労働者の所有物のように実体的なものならば、もはや賃金、謝礼とは呼ばれず、販売された椅子の価格と呼ばれる。こうしたすべての用語は、常に同じもの、つまり行なわれた労働の販売額を意味している。

企業者利潤や商業利潤は、通例そのなかに含まれている資本利子や地代が差し引かれるならば、同様に労働販売額と呼ぶことができる。鉱山株式会社の重役は、もっぱら自らが行なった労働の対価として、俸給を手にする。重役が同時に株主でもあるならば、彼の所得は配当金の分だけ上がる。その場合、その重役はひとりで労働者と金利生活者を兼ねている。たいていの場合、農民、商人、事業家の所得は、労働販売額と金利（つまりは利子）から成り立っている。借り入れた資本で借りた土地を耕す農民は、もっぱら自らの労働の収益で生活している。労働生産物から借地料と利子を払ったのちに残っているものが、農民の活動に帰すべきものであり、それは賃金を決める一般法則に服している。

労働生産物（もしくは業績）と労働収益の間に、われわれが日々商品の購入に際して締結しているさまざまな商事契約が介在している。この契約によって、労働収益は大きな影響を受ける。同一の労働生産物を市場にもってきた人々が不平等な労働収益をもって帰る、という事態が日々生じる。それは、その人々が労働者としてはなるほど同等でも、商人としては同等ではないせいである。一方は自らの生産物を良い値で売り、欲しいものを購入する際には穀物から籾殻《もみがら》を選り分ける（訳註価値のあるものとないものを区別する マタイ伝二章一二節） 術をよく心得ている。市場向けに生産された商品の場合には、まさに技術的なこつのように、交換、売買とそのために必要となる知識が、労働の成果（労働収益）にとって必要不可欠となる。生産物の交換は、労働を締めくくる行為と見なすことができる。すべての労働者が商人でもあるかぎりは、そうである。

もし労働生産物の対象と労働収益の対象が、それを使ってそれらを比較考量しうる共通の特性を有しているなら、労働生産物を労働収益に変えることになっている取引は省くことができる。その際に、測定、計算、検量が正確に行なわれさえすれば、労働収益は常になんの問題もなく（利子や金利を除いて）労働生産物と一致するにちがいないし、労働収益の対象によって直接、ペテンが行なわれていないことを証明できることだろう。まさに薬局の秤が正しく計っているか否かを、家の秤で確かめることができるようなものである。しかしながら、商品にはこうした共通の特性が欠けている。交換は常に取引をとおして行なわれるのであって、決してなんらかの尺度を使用して行なわれるのではない。貨幣を使用したとしても、取引をとおして交換を行なわなければならないことに変わりはない。いまだに時代後れの国民経済学の著作において時おり貨幣にたいして適用される「価値尺度」という表現は、ひとを惑わすものである。カナリヤ、丸薬、林檎のもつただひとつの特性すら、硬貨で測ることはできない。

それゆえ、労働生産物と労働収益の直接的な比較によって労働全収益権にもとづいた訴えをきちんと根拠づけることは、不可能と言わねばならない。それどころか、労働全収益権が個々人の労働全収益権と考えられるかぎり、労働全収益権はまさに幻想であると言わねばならない。

けれども、集産的労働全収益にかんしては、事情はまったく異なる。これは、労働生産物が労働者のもとで残りなく分配されることしか要求しない。いかなる労働生産物も、利子や金利として金利生活者に引き渡されてはならない。それが、集産的労働全収益権の実現によって課される唯一の条件である。

集産的労働全収益は、個々の労働者の労働収益に配慮することを、われわれに要求することはない。現在、労働者の受け取る収益には多寡がある。労働者への分配は、依然として競争法則にしたがって行なわれるため、通例、労働が容易になり単純なものになればなるほど、競争は激しくなり、個々人の労働収益は少なくなる。労働に際して最も思慮分別を要する労働者は、大衆の競争から守られており、自らの業績と引き換えに最も高い代価を得る。時には鋭い洞察力がなくとも、（たとえば歌手のように）明らかな身体的才能も、大衆の競争に巻き込まれるのを防いでくれる。自らの業績にかんして他者との競争を恐れる必要のない者は、幸いである。

労働全収益権を実現することは、個々の労働者すべての労働収益を、今日の労働収益よりもバランスよく利潤に応じて上昇させるのに役立つ。労働収益は、ひょっとすると倍増することになるかもしれないが、均等化はされない。労働収益の均等化は、共産主義者の理想である。しかし、ここで問題としているのは、競争、闘争をとおして配分される労働全収益である。なるほど集産的労働全収益権を実現するはずの改革の副次的効果として、とりわけ商業における個々人の労働収益において今日しばしば見られる途方もない格差は健全なレヴェルに引き戻されるが、それは副次的効果にすぎない。われわれが実現したいと思っている権利には、前にも述べたように、こうした均等化は含まれていない。それゆえ、勤勉で、有能で、思慮深い労働者は、自らのより大きな業績に正確に相応する、より大きな労働収益をもち帰る。不労所得の消滅による賃金の全般的な上昇は、それについてくるのである。

ここまでの概要

（1）労働生産物と労働販売額と労働収益は、直接比較することはできない。この三つの大きさを測るための尺度は存在しない。相互の変換は、測定ではなく、契約、商事契約によって行なわれる。

（2）個々の労働者の労働収益が労働全収益であるか否かの証明はできない。

（3）労働全収益は、集産的（集団的）労働収益としてのみ理解し、検測することができる。

（4）労働全収益は、あらゆる不労所得の、したがってまた資本利子と地代の、完全な除去を条件とする。

（5）利子と金利が国民経済から完全に除去されるなら、労働全収益権は実現すること、集産的労働収益は集産的労働生産物に等しいこと、が証明される。

（6）不労所得の除去は、個々の労働収益を増加させ、二倍もしくは三倍にする。均等化はまったく行なわれないか部分的にしか行なわれない。個々の労働生産物の違いがものを言う。

（7）個々の労働収益の比較上の多寡を決定する、同じ普遍的競争法則が依然として働いている。最も有能な者は最高の労働収益を手にし、それを意のままに使うことができる。

今日、労働収益は、地代と資本利子のかたちで、差し引かれている。これはもちろん、恣意的に見積もられているのではなく、市況によって決定されている。誰であれ、市況が手に入れるのを許す分しか手に入れられない。

この市況がどのようにして形成されるのかを、われわれはこれから考察していきたい。まずは、地代にかんしてである。

第三章　地代による労働収益の減殺

土地所有者は、自らの土地を耕作させるか否かを、自由に選択することができる。自らの所有権の維持は、耕作には左右されない。土地は休閑期にだめになることはなく、むしろ反対に良くなる。実際、三圃農法においては、休閑期は土地を再び沃地に変えるまたとない機会を提供した。

したがって、土地所有者には、自らの所有地（畑地、建設用地、鉱石や石炭の貯蔵場所、水力、山林など）を使用料なしに他者に貸し与えるべき理由はいっさいない。土地所有者にこうした使用料（借地料）が差し出されなければ、所有者は土地を休閑地にしておく。彼は自らの所有地の絶対的な主人である。

それゆえ、土地を必要とし土地所有者に頼る者は誰でも、定期的に当然のことのように支払義務を履行すること（借地料）を、しぶしぶ承知せざるを得ない。また、われわれが地表とその肥沃さを複製したとしても、代償なしに土地を他者に貸し与えることが土地所有者の念頭に浮かぶことなど金輪際ないだろう。極端な場合には、土地所有者は自らの所有地を猟場に変えたり、公園として利用することさえできる。賃借料はあらゆる賃借契約の自明の前提条件である。なぜなら、借地供給の競争圧力がいかに大きくなっても、それが土地の無償化にまで到ることは決してあり得ないからである。

いったい土地所有者はどこまで要求できるものなのだろうか。もし人間の食物を得るために全地表が要り用となっており、近くにも遠くにももはや自由に使える陸地がいっさい見当たらず、地球全体が所有され耕作されていて、これ以上働き手を雇い入れても、いわゆる集約的農法をとっても、もう今以上の作物が得られなくなったならば、無産者の大地主への従属は、農奴の時代と同様に、避けようのないものとなり、それに応じて土地所有者も自らの要求を総じて限界に到るまで徐々につり上げ、言い換えるなら、全労働生産物、全収穫物を独り占めし、労働者には卑しい奴隷にたいするように、その露命をつなぎ繁殖がなんとか可能となる分しか分け与えなくなるだろう。そうなると、いわゆる「賃金鉄則」（訳註 ラサールが提唱した賃金理論。平均賃金は労働者の生命の維持と繁殖のために必要とされる最低生存費に限局されるため、資本主義制度のもとでは労働者は相対的に窮乏化するとする説）が何ものの制約も受けずに猛威を振るうための前提条件が満たされることになろう。農民は無条件に土地所有者に引き渡され、借地料は農民と役畜の食費と資本利子を除いて耕作地の収穫と等しくなることだろう。

しかしながら、この賃金鉄則にとって不可欠な前提条件は、事実に合致していない。というのも、地球はもっと大きく、それどころか今日の地上の住人が生命を維持するのに必要とされる大きさをはるかに超えた大きさをもち、はるかに豊穣だからである。しかも、今日の粗放的耕作(1)のもとでは、たしかに平地のほぼ三分の一が利用されているが、残りは利用されておらず、しばしば所有者もいない。いたるところで集約的耕作(2)に移行するなら、平均して今日の労働者が自由に手に入れられる食物量を人類に提供するためには、おそらく地表の一〇分の一でも十分であろう。その場合には、地表の十分の九を耕作されないまま放置することも可能であろう（むろん、必ずしもひとがそのような行動に出ると言っているわけではない。誰でも満腹したいなら、ジャガイモで満足しないなら、乗用馬を飼いたいなら、孔雀や鳩のいる中庭、薔薇園、水浴びをする池をもちたいなら、事情によっては地球がまだ小さすぎるということもあり得るだろう）。

集約的耕作[3]には次のものが含まれる。干拓、灌漑、土地改良、排水溝、岩盤の爆破、泥炭岩の施肥、人工的な化学肥料の使用、栽培植物の選別、植物と動物の改良、果樹、ぶどう畑の有害生物の根絶、トノサマバッタの撃退、鉄道、運河、自動車による役畜の節約、交換による裏地の再利用、綿花栽培による羊飼育の節減、菜食主義等々。

それゆえ今日、土地の絶対的不足によって土地所有者に頼ることを強いられる者はいない。そして、このような強制は存在していないので、（ただそれだけの理由で）非土地所有者の土地所有者への従属も限定的なものとなる。土地所有者だけが最も良い土地を所有しており、少なくとも近隣では、まだ所有者がいないのは開墾に多大な労力を要するような地帯だけである。集約的農耕もさらに相当な努力を要するし、誰にとっても荒れ地の所有者のいない土地に入植するために移住することが責務となるわけではない。移住には費用がかかり、各々の土地の生産物も多大な運送費、通行料を払わないかぎり市場には持ち込めないということを度外視したとしても、そうである。

農民はそうしたことをすべて分かっているが、大地主も分かっている。それゆえ、農民が移住する決心を固める前に、あるいは農民が近くにある湿原を干拓して耕作可能にする前や、菜園経営に移行する前に、農民は大地主に耕地の借地料にいくら要求するか尋ねる。そして、大地主はこの質問に答える前に、自らの耕地での労働で得られる収益と、荒地、菜園、アフリカ、アメリカ、アジア、オーストラリアのまだ所有者のいない土地での労働で得られる収益[4]の差額を、よく考えて計算する。

というのも、大地主は自らの耕地の借地料として要求できるこの差額を、自分のものにするつもりだからである。しかしながら、うまく計算できないことが多い。こういう場合には、ひとはむしろ経験をもとにして進むことになる。誰かお調子者の若者が移住し、うまくいっていると伝えると、他の者もあとに続く。それにより、故国では労働力の供給が減少し、その結果、賃率が全般的に上昇する。移住が長く続くと、賃金が移民が留まるべきか立ち去るべきか再び迷うようになる段階まで上昇する。この段階に到ったということは、こちら側とあちら側の労働収益が等しくなったことを意味する。時には、移民が自らの行為の釈明をしたがる事態さえ見られるようになる。それゆえ、一度このような計算をじっくり吟味してみるのもよいだろう。

Ⅰ、移民の計算

自分と家族の旅費	一〇〇〇マルク
旅行中の傷害保険と生命保険	二〇〇〇マルク
現地に順応するための疾病保険、すなわち気候の変化による特別なリスクのための疾病保険が予め算定する総額	二〇〇〇マルク
土地占有費、区画整備費	六〇〇〇マルク

運営資本には、農民がドイツで必要とするのと同じ額が前提されている。

したがって、ここでそれを持ち出す必要はない
-マルク

入植費　二〇〇〇マルク

ドイツの借地人には不必要なこうした移民の経費は経営資金に加算され、
その利子は経営費として記帳される
二〇〇〇マルクの五％＝一〇〇マルク

さて、故国での競争も考慮に入れたうえで、入植者が故国におけるのと同じ労働量で同じ生産物を生みだすと仮定するとして、農民はすべての労働者と同様に、生産物そのものではなく、生産物と日用品を交換できること、つまりは労働収益を目指していることが、顧慮されなければならない。農民はもっぱらこれだけにかかずらっており、これを手に入れるために農民は働くのである。それゆえ、入植者は自らの生産物を市場にもっていかねばならず、労働販売額を再び商品に変えて家にもち帰らなければならない。こうした生産物の交換のための市場はふつう、遠く離れたところにある。大量の農作物の輸入を必要とするのがドイツであると仮定するなら、移民は以下のものを支払わなければならない。

運搬用車両、鉄道、航海船、荷役船の貨物運賃　二〇〇マルク
ドイツの輸入関税　四〇〇マルク

交換された日用品を運ぶための荷役船、航海船、鉄道、運搬用車両の貨物運賃　二〇〇マルク
新たな故郷への日用品の輸入に際して課される関税　一〇〇マルク
合計　一〇〇〇マルク

この貨物運賃、関税、通商経費にかんする計算にしたがえば、移民が通商ルートで労働生産物を労働収益に変えるには、通常、総計一〇〇〇マルクかかるが、これはドイツの耕作者には不必要なものである。したがって、ドイツの耕作者が移民の移住先と同じ労働生産物を生み出すことが期待できる耕地に借地料として一〇〇〇マルク支払っても、その労働収益は移民の労働収益と等しくなる。

ドイツの荒地を耕作可能にするつもりだとしても、前述の競合する耕地の有利になるような同様の経済的差額が生じ、運送や関税の経費の代わりに、こんどは開墾に費やされる資本（湿地の排水工事、さまざまな地層の混和、石灰による脱酸と施肥）の利子がかかってくる。集約的耕作の場合には、利子と運送費の代わりに、より高い耕作費用がかかってくる。

それゆえ借地料は、いたるところで労働収益（労働生産物ではない）を同様の水準に引き下げる方向に働く。昔から手入れの行き届いている故国の土地がリューネブルクの荒地（訳註 アラー川とエルベ川の間の原野）や、市況にしたがえば、カナダの無主の土地よりも優っている点を利用して、大

地主はそれを残らず地代として自分のために要求し、また土地を売却する場合には資本化された形態で価格として要求する。肥沃さ、気候、市場への近さ、関税、運送費等にかんする土地のあらゆる差額が、地代によって均一化される（ここで私が労賃に言及していないことに注意されたい。その言及は慎重になされなければならない）。

地代は経済的関係において、地球を、借地人、事業家、資本家（彼らが土地所有者でないかぎり）にとってまったく均質で単調な塊に変える。したがって、フリュールシャイム Flürscheim（訳註 ドイツの経済学者。一八四四年生まれ）は述べている。「海底の凸凹が水によってすべて滑らかな平面に変えられるように、地代は土地を平らに均《なら》す」。つまり、地代（そしてそれはいかがわしいものであるが）はあらゆる土地の耕作者の労働収益を、故国の荒地や遠くの原野の無主の土地にたいして期待しうる収益と、同等の水準まで引き下げるのである。肥沃、不毛、粘土質、砂質、湿地、地味の乏しさ、地味の豊かさ、立地の良さ・悪さといった概念は、地代によって経済関係においては空虚なものにされてしまう。地代のせいで、アイフェル（訳註 ドイツ西部、ラインラントファルツ州の丘陵地帯）の荒地を耕そうが、はたまたベルリンの菜園、ライン川のぶどう畑を耕そうが、あらゆる労働者にとってまったくどうでもいいことになってしまうのである。

（1）粗放的耕作では、労働が節約される。
（2）集約的耕作では、土地が節約される。
（3）粗放的耕作は多くの土地を必要とし、集約的耕作は多くの労働者を必要とする。
（4）ここでは、労働生産物と労働収益の違いによく注意されたい。移民の労働生産物（収穫量）の方が一〇倍多いにもかかわらず、その労働収益は良くならないということが、しばしば生じる。

第四章　賃金と地代の貨物運賃率への依存

土地所有者が賃金にいくら払わなければならないか、借地料をいくらまで上げることができるかは、自由地、荒地、湿地、原野における労働収益にかかっている。その額は、自由地における労働収益が達する額まで、使用人が賃金として当然要求できる額までである。なぜなら、自由地（この概念にかんしては、いずれもっと詳しく定義する）を所有し、そこで働くことは、使用人の自由だからである。その場合、各々の使用人が賃金交渉に際して移住を持ち出して脅す必要はまったくない。たとえば子供に恵まれた一家の父親が脅しだけで行動に出ないことを土地所有者が知っているかぎりは、その父親がこのような脅しをちらつかせることはあまりないだろう。若者の移住によって労働力の全般的な不足が生じることだけで、世に言う効果としては十分である。移住によって惹起された労働者不足は、家族の事情や何か他の事情で引き止められていた労働者にとって、もう購入済みの乗船券と同様、賃金交渉に際しての励ましとなる。[1] しかし、借地料や必要とされる資本の利子が差し引かれたのちに、自由地農民と賃金労働者の労働収益が達するのと同じ額が、借地人にも残されていなければならない。したがって、借地料も自由地の労働収益によって算定される。土地所有者は借地料の査定に際して、この自由地の労働収益より多い額を残す必要はないし、借地人の方もより少ない額では満足しない。

自由地の労働収益が変動しやすいなら、その変動は賃金と借地料にも反映される。

われわれは自由地の労働者収益に影響を及ぼす諸状況のひとつに、なによりも無主の土地と、生産物を消費する場所、交換される日用品が生産されたり世界のあらゆる地域から集積されたりする場所の間の、距離を数え入れなければならない。この距離がどれほど重要かは、都市近郊の耕地と市場から遥かに離れた同じくらい良質の耕地との、価格差に最も良く見てとることができる。どこにその根拠があるのか。距離である。

今日でもまだ良い居住地がなんなく手に入れられるカナダの小麦生産地帯をとりあげるなら、穀物は運搬用車両で舗装もされていない通りを多かれ少なかれ離れた鉄道まで運ばれ、さらに鉄道でダルースまで輸送されてから、そこで内陸水運用の船に積み替えられなければならない。穀物は、その船でモントリオールまで運ばれ、さらに航海船に積み替えられる。ここからヨーロッパ、たとえばロッテルダムまで船旅が続き、そこで再びマンハイム行きの川船に積み替えられ、そこからは市場（シュトユットガルト、ストラスブルク、チューリッヒなど）に辿り着くために鉄道貨車が必要となり、市場では、関税を納付したのち、現地産の穀物と同じ値段で販売されることになる。それは長い旅路で多額の費用を要するものの、いまや関税、運送料、保険料、水の使用料、検印費用、前払い金の利子、袋代等々を差し引いたのち残ったものは、ようやく労働販売額になるが、それでもサシュカチュワンの荒野の移民にとっては不十分なものでしかなかろう。この販売貨幣額は、いまや日用品――塩、砂糖、織物、武器、機械、書物、コーヒー、家具等々――に変えられねばならない。これらの品物がようやく入植者の家に着き、貨物運送費も支払われてからやっと、労働者は「これが資本利子を含んだ私の労働収益だ」と言うことができる（労働者が移住と入植に必要なお金を借りていたなら、労働者は労働生産物からさらにこのお金の利子も差し引かなければならない。労働者が自己資本で働く場合も、同様のことをしなければならない）。

ここまで述べてきたことから、いまやこの労働収益がどれほど貨物運賃率に左右されるかが明らかになる。

この貨物運賃率は、以下に述べるように、絶えず下落してきた。

シカゴからリヴァプールまでの小麦千キログラムの貨物運送料

一八七三年　六七マルク

一八八〇年　四一マルク

一八八四年　二四マルク(2)

したがって、シカゴからリヴァプールまでの小麦一トンあたりの貨物運賃はすでに四三マルク節約できており、それは当時の価格の六分の一、今日の価格の四分の一に当たる。しかし、シカゴからリヴァプールまでの道程は、サシュカチュワンからマンハイムまでの道程の一部にすぎないので、この四三マルクも実際の貨物運賃の節約の一部にすぎない。

もちろん、この節約は帰り荷にも役立つ。穀物は労働生産物であり、小麦一トンあたりの価格二四〇マルクは労働販売額であった。そして、帰り荷は、小麦を生産する際に入植者にとって本来問題となる労働収益の対象を含んでいる。つまり、カナダの小麦を食べるドイツの労働者は、直接間接にカナダへ送り出すゆえに同様に貨物運賃を支払わなければならない自らの生産物で、常にその支払をしなければならないことが、はっきり認識される必要がある。かくして、運賃の値下げによって二倍節約できることになり、ドイツの全般的な労働賃金を直接決定づける、自由地入植者の労働収益は増加する。

しかしそれにもかかわらず、たとえば二〇〇マルクの貨物運賃の節約が入植者にとってこの額に正確に応じた労働収益に変わるはずだと想定するならば、それは間違いであろう。実際、労働収益は貨物運賃の節約分の約半分までしか増加しないが、それは以下のような事情があるからである。――自由地の増加していく労働収益が、ドイツの農業労働者の賃金を上昇させる。「なぜ」と問われる。農業労働者と自由地農民の上昇していく賃金は、工業分野の労働者を工業から誘き寄せる。農業財と工業財の生産比率が乱され、またそれにともないその交換比率も乱される。入植者は自らの労働収益の対象（工業生産物）に、より高い対価を払わなければならない。それゆえ、この工業生産物（労働収益）の量は、貨物運賃の節約ゆえに上昇した労働販売額に比例して増大することはない。自由競争の法則にしたがって、工業労働者はこの差額を予め見越している。したがって、ここでも、新技術（たとえば蒸気機関）が商品の生産費を減らす場合と同じように、事態は推移する。生産者と消費者が利益を分け合うのである。

ここでもまた、一度、自由地農民の労働収益、地代、全般的労働賃金にたいして貨物運賃変更が及ぼす影響を、数字によって把握しておくのもよいだろう。

Ⅰ、六七マルクの貨物運賃率（一八七三年）の場合の、カナダにおける自由地農民の労働収益

労働生産物　一〇トンの小麦をマンハイムに向けて船積みし、

当地で二五〇〇マルクで販売する　二五〇〇マルク

一〇トンの場合、六七マルクの貨物運賃率を掛けて　△六七〇マルク

労働販売額　一八三〇マルク

この労働販売額（貨幣）は、ドイツで日用品の購入に使われ、それはカナダに向けて船積みされ、梱包、運賃、関税、破損等に、往路の小麦と同額の費用を発生させる可能性がある

	△六七〇マルク
入植者の居住地での労働収益	一一六〇マルク

Ⅱ、二四マルクの貨物運賃率（一八八四年）の場合の、カナダにおける自由地農民の労働収益

労働生産物　一〇トンの小麦	二五〇〇マルク
一〇トンの場合、二四マルクの貨物運賃率を掛けて	△二四〇マルク
労働販売額	二二六〇マルク

この労働販売額は、Ⅰの場合より四三〇マルクほど多いが、いまや労働収益、つまり工業生産物に変えられねばならず、その農業生産物との交換比率は（前述の理由で）高まり、詳しく言えば、四三〇マルクの販売増加額の半分ほど、つまりは約二一五マルクに達する。それゆえ、Ⅰの価格で比較するなら、労働収益は労働販売額に比べて二一五マルク下回る

	△二一五マルク
	二〇四五マルク

ここからさらに、帰り荷運賃が差し引かれるが、貨物が貨物運賃が節約された分だけ増加す

るので、帰り荷運賃は二四〇〇マルクではなく、それより高く見積もられねばならない

△二四五マルク

労働収益　一八〇〇マルク

いまや貨物運送費の軽減の結果、自由地農民の労働収益が増加するならば、それとともにドイツの農業労働者の賃金要求も自動的に聞き届けられるようになり、同様に借地人も自らの労働の産物にたいしてもっと多くの分け前を要求するにいたる。地代も、同じ比率で下落することになる。

ドイツにおける一〇トンの小麦の価格は　二五〇〇マルク　だったが

賃金支出が　△一一六〇マルク　に達した

だから、一〇トンラント[3]は、借地料もしくは地代に　一三四〇マルク　もたらす

賃金要求が一八〇〇マルクに増加するなら、地代は七〇〇マルク、すなわち、一三四〇から六四〇の賃金上昇分を差し引いた額に下落する。

したがって、自由地農民が貨物運賃として支払わなければならない額は、その労働収益から差し引かれ、ドイツで土地所有者が借地料として要求できる額を、労働者の労働生産物から地代として

差し引く。自由地農民の運賃支出は、土地所有者の収入になるのである。

原註

（1）賃金がどれほど強く移民と季節労働者の影響を受けざるを得ないかは、一九一八年五月二〇日のウィルソンの演説から引用した以下の一節から見てとることができる（N.Z.Z.Nr.661）。「国防大臣がイタリアに滞在していたとき、彼はイタリア政府の一員から、イタリアが合衆国と深く結びついていると感じるさまざまな根拠を示されました。イタリアの大臣は以下のように述べました。『あなたが興味深い経験をしたいなら、どこかの軍用列車に赴き、兵士たちに英語でアメリカに行ったことのある者はどれくらいいるか尋ねてごらんなさい。その先は行けば分かるでしょう』

わが国防大臣は実際に軍用列車に乗り込み、すでにアメリカに行ったことのある者はどれくらいいるか尋ねてみました。どうも兵士の過半数が立ち上がったらしいのです」

イタリアの地代生活者がこれらの人々をアメリカに追いやり、アメリカの地代生活者が彼らを再び故郷に追いやっていた。この哀れな人々は故郷と同様アメリカでもひどい目に逢ったので、あちこち休む間もなく放浪していたのである。

ウィルソンは付け加えた。「アメリカの魂の一部は、このイタリア軍のなかにも息づいていたのです！」――われわれはいまやさらによく分かるようになった。季節労働者たちは呪いの言葉を吐きながら故郷を後にし、また呪いの言葉を吐きながらアメリカを去ったことを。

（2）マルホール統計学辞典　Mulhall, Dictionary of Statistics.
（3）デンマークの耕地単位。一トンの穀物を収穫するのに必要となる土地を意味する。したがって、一トン・ラントは土質に応じて、より大きな耕地面積になったりより小さな耕地面積になったりする。

第五章　生活環境の賃金と地代にたいする影響

当然、鉄道と船の荷積み費用だけが、自由地農民の労働収益とそれに依存しているドイツの農業労働者の賃金に影響を与えているわけではない。まず何よりも、人間はもっぱら労働収益によって生きているのでも、そのためだけに生きているのでもなく、移住問題にかんしても、それだけが決定的要因となるわけではないということを、言い添えておかねばならない。移民があとにする国、移民が選ぶ国の、国家的、市民的諸状況が、しばしば強く決定的に関わってくる。少なからぬ者がよりわずかな労働収益で暮らすことに満足し、ウサギの飼育者として勝ち取った月桂冠の所持や、その者の意見では他のどこよりも美しく鳴くことのできる故郷のズアオアトリの歌に、その代償を見いだしている。しかし、まさにこうした（そして他の多くの）吸引力や反発力も絶え間ない変化を被っており、移住を促進したり阻止したりしている。たとえばロシアから多くのドイツの農民が再び移住しているのは、より高い労働収益を期待してのことではなく、彼らにとってもはや情勢が思わしくないからである。こうしたすべてのことが、移民とあとに残った農業労働者双方の、純粋に物的な労働収益が均衡するのを妨げている。たとえば酩酊性の飲料の禁止という手段で、ドイツの労働者の生活を快適なものにしようと決意した、と仮定してみよう。アルコールの禁止自体が労働者の、なかんずく彼らの妻たちの生活を美しく変えることは別としても、われわれは国民が酩酊性の飲料に直接、そしてとりわけ間接に、かけてきた数十億を、各々の子供の養育のための月々の帝国加給金というかたちで、実効力のある妊産婦保護策のために活用することができる。またそれは、もっと良い学校、多数の公立図書館、劇場補助、教会堂建立、国営の無料菓子店、民間の祭り、集会場等のためにも活用できる。しかし、それが再び賃金や地代にどんな結果をもたらすかは、明らかである。土地所有は、アルコールの禁止から起こった移住停止が一段落するまで、自らの要求をつり上げるだろう。国家が無料の菓子店で婦人方にふるまうケーキの代金は、地代によって男性の賃金から差し引かれることになるだろう。

地代は、まさにドイツが労働や精神的、社会的生活のために提供するあらゆる利点を我が物にし、それは資本に転化した詩、美術、宗教、学問となる。それはあらゆるもの、たとえばケルン大聖堂、アイフェルの小川、ブナの木陰でさえずる鳥の声を、現金に変える。地代は、トマス・ア・ケンピス（訳註 ドイツの神秘思想家、聖職者。一三八〇頃〜一四七一年。主著『キリストのまねび』）、ケーヴェラアーの聖遺物、ゲーテとシラー、わが官吏の清廉さ、われわれの未来の夢、つまりはありとあらゆるものから徴税し、それを労働者が「留まって支払うべきか、それとも移住してすべてをなげうつべきか」

と自問するようになるまで、徐々につり上げていく。支払から逃れられる者はいない。働いている国民は、常に金現送点に立っている（国際貿易においては、それは支払を為替ですべきか現金ですべきか分からない国際収支状態を指す。金輸出の経費は、為替仲買人の「地代」になる）。市民の国家や同胞への愛着が強まれば強まるほど、地代がこの愛着にたいして要求する代価は高騰する。現われる可能性のある移民の流す別れの涙は、地代にとっては金の真珠である。かくして、都市の土地所有者が、第一には別れをつらいものにするために、第二には人口流入を容易にするために、美化協会やその他の催しをとおして都市生活を盛り上げることに熱心になる姿を、われわれはしばしば目にすることになる。そうすることで、彼らは建設用地からより高い地代を取り立てることができるようになる。郷愁に、地代の直根は根ざしているのである（訳註 直根は種子から初めて真下に伸びた根のことで、この根が下に伸びる力で幹は高くかつ太くなる）。

ドイツの農業労働者はパンのみにて生くるにあらず、当然、自由地農民もまた然りである。物的な労働収益は、人間が生きる喜びのために必要とするものの一部にすぎない。移民が故郷の吸引力を克服するまで長いこと格闘しなければならなかったとすれば、移民はいまや新しい故郷に、自らを引きつけたり突き放したりする多くの新しいものを見いだしていることになる。引きつけるものは、移民に労働収益を十分なものと思わせる根拠を増やし（それは、より快適な労働ならより少ない賃金でも進んで行なう気持ちになるのと同様である）、突き放すものはその根拠を減らす。突き放す諸状況（気候、生活や財産の不安定、有害小動物等）が引きつける諸状況よりはなはだしいものになるならば、両者の差は、移民が留まり、彼らの先例を真似るように残った仲間を鼓舞するといけないので、労働収益をそれに相応して増加させることによって均衡がとられねばならない。それゆえ、自由地農民の生活、充足感に影響を及ぼすすべての事柄が、直接、ドイツの労働者に影響を及ぼし、彼らの賃金要求に働きかける。このような影響は、すでに手紙で旅行談を読むところから始まっている。船酔いをせず、船中の生活、費用もまずまずだったならば、そのことだけですでに残った者たちを勇気づけることになる。自由地農民が、自分が享受している大きな自由のこと、狩猟、自分の乗用馬、鮭やバッファローの大群のこと、自然が提供するあらゆるものにたいする処分権のことを、自分がいたるところで使用人や無産者ではなく対等で自由な市民と見なされ、扱われていることと並べて伝えるなら、仲間がインディアンの来襲、ガラガラヘビ、有害小動物、過酷な労働について伝えるすべしか知らない場合より、故郷にいる使用人は当然、賃金交渉において強気の態度を貫くことだろう。

大地主もそのことはよく分かっており、いったん悲惨な状況を伝える手紙が舞い込むと、当然ながら抜かりなくそれを利用し尽くすだろう。大地主はあらゆる雑誌でそれを公表し、脅迫的な手段を使っても新聞に掲載を依頼する一方で、喜ばしく勇気づけるような報告のことはあらゆる手を使って黙殺するだろう。故郷を美化し、その吸引力を強めるべき立場にある同じ協会が、自由地をでき得るかぎり貶《おとし》める任も担っているのである。蛇に噛まれた傷、インディアンの頭皮、バッタの群れ、船の事故はすべて、労働者が嫌な気持ちにさせられ、移住意欲を減退させられることによって、大地主の地代、現金に変わる。当然、逆もまた然りである。

第六章　自由地という概念の厳密な定義

自由地のことを語る際には、まず何よりも北アメリカと南アメリカの未開墾の広大な土地が想起される。これらの自由地には、労せずして割合費用もかからずに到達できる。その気候もヨーロッパ人に適しており、社会的状況も多くの者にとって魅力的であり、生命や貨幣の安全もそこそこ保たれている。新来の客は八〜一四日間、国家の公費で移民用宿舎でもてなされ、若干の国では入植地の最深部まで無料の鉄道切符が与えられる。ここでは、ただちに移住するのも移民の自由である。移民は好みの土地――放牧地、耕地、山林――を自由に選ぶことができる。移民が合法的な権利を有する居住地は、大家族の労働力を最大限に活用しても手に余るほどのものである。入植者は四本の境界標柱を打ち込み、そのことを土地管理局に通知したなら、さっそく仕事にとりかかることができる。誰もそれを禁じることはないし、誰が彼に土地を耕し、その努力の成果を家にもち帰るのを許したのか、と問う者もいない。彼は四本の境界標柱に囲まれた土地の主人である。

この種の土地を、われわれは第一級の自由地と呼ぶ。このような自由地はむろんもう入植済みの地方ではなく、ほとんど人のいないところでしか見つからない。もっとも、すでに入植済みの地帯にもまだ広大な、しばしば途方もないほどの未開墾の平原が見いだされるが、それはなんらかの国家権力の乱用によって、世界のどこかに住んでいる誰かの私有物にされてしまっている。私はヨーロッパには、アメリカ、アフリカ、オーストラリア、アジアに位置している合わせて何億へクタールにものぼるこうした土地を自らの所有物と称する何千人もの人々がいることを、確言できる。こうした土地の一区画を手に入れたい者は、所有者たちと折り合いをつけねばならない。通例は、望む土地をとりたてて言うほどでもない額で手に入れるか借地することができる。耕作するつもりの耕地にヘクタールあたり一〇プフェニッヒ支払ったとしても、労働収益にとってはただ同然である。このような条件付きの自由地を、われわれは第二級の自由地と呼ぶ。

第一級と第二級の自由地は、まだすべての大陸に広大に存在している。それは最も良質な土地ばかりではない。多くは鬱蒼とした森林に覆われ、手間隙かけて開墾しなければならない。大部分は水不足で、費用のかかる灌漑施設がなければ実りをもたらさない。またある土地は、それ自体は多くの点でまさに最良の土地であるが干拓せねばならず、またある区画や谷地は輸送用の道路が必要で、それがなければ生産物の交換ができない。この種の自由地は、資本や信用に恵まれた移民しか考慮の対象にできない。しかしながら、地代と賃金にかんする学説にとっては、自由地を資本家の企業が耕作するか移民が直接耕作するかはどうでもよいことである。そのことが重要になるのは、資本とその利子にとってだけである。自由地農民がこのような灌漑 - 排水施設、つまりは投資によって開拓された土地を引き受けることになるなら、これらの施設を利用するためには決められた資本利子を払い、生産費にこれらの利子を加算しなければならない。

だが、個人であれ企業であれ、より大規模な開拓事業に必要な資力を自ら有する者にとっては、いうなれば今日なおも世界の半分は自由地である。カルフォルニアにある岩石だらけの山岳地帯に沿った最良の土地も、最近までは荒地だった。今ではそれは、巨大な農園と化している。イギリス人はナイル川の塞き止めによって、エジプトを再び何一〇〇万人もの人間が居住可能な土地に変えた。ゾイデル海（訳註 オランダ北部の湾で、一九三二年に完成した締め切り堤によりワデン海とアイセル湖に分けられた）、メソポタミア、その他多くの荒地も、同様に開墾されることになろう。したがって、このような第二級の自由地も、いつとは言えぬまでもいずれ人間の意のままになるということができよう。

第七章　第三級の自由地という概念

しかしながら、賃金と地代制限の理論にとっても最も高い意義をもち、われわれが近隣中の近隣のいたるところで意のままに見いだせる最も重要な自由地は、第三級の自由地である。だが、この種の自由地はこれまで述べてきた自由地ほど単純な性質のものではなく、若干の考察を要するものである。
もっともそれは、二、三の実例を挙げれば、誰の目にも明らかなものとなる。
例Ⅰ――ベルリンでは、建築法規にしたがって、建物は四階建てまでしか建てられない。それが二階建てまでになるなら、市は同数の住民に住居を提供するためには二倍の土地面積を必要とする。したがって、三階、四階によって節約された土地は、今日まだ建物の建てられていない自由な建築敷地である。ベルリンでもアメリカの建築方式――つまり、四階建てではなく四〇階建て――が認可されるなら、現在のベルリンの底面積の一〇分の一で十分となるだろう。残りの土地は余分となり、ジャガイモ畑の収益価格程度ですべての建築業者に提供されることになろう。したがって、建築目的の自由地は、ドイツのどの大都市の内部にも、四階から雲に向かっていたるところに無数に存在しているのである。
例Ⅱ――「アグラリア Agraria」共和国では、法律により、すべての人工肥料の使用が禁じられている。それは表向きは健康に害があるという理由からだが、実際は穀物の生産量を減らし、穀物価格を維持するためである。アグラリアの大地主たちは自分たちにとって、少量で高価であることは大量で安価であるよりもよいことだと信じている。この禁令と乏しい収穫ならびに高止まりした価格のせいで、移住が禁じられていることもあり、アグラリアでは不毛で水はけの悪い荒地もことごとく開墾され、収穫がなんとか国民の需要を満たすことはできている。それにもかかわらず、国民は非常に不満を抱いており、禁令の即時の完全撤廃を要求し、誰もがそこでもドイツと同様に人工肥料の使用によって土地からの収益が三倍になることを期待している。

地代と賃金にとっては、これはどういう結果をもたらすだろうか。新たな建築法規が各人に従来の階数を三倍にすることを許すなら都市で起こるのと同じことが、耕地にかんしても生じないだろうか。人工肥料により、共和国の土地は即座に現在暮らしている全住民が必要とする量の三倍の収穫をもたらすことだろう。その結果、三ヘクタールにつき二ヘクタールが耕作されないまま将来世代の自由な使用に委ねられることになろう。隅々までどんな湿地も耕地に変えた同じ共和国で、人口肥料が解禁されたことで突如、巨大な自由地が話題にのぼることになろう。この自由地は暫定的に狩猟地として利用され、使用したい者には狩猟地使用料と引き換えに提供されることになるだろう。

こうした建築業と農業の例を見れば、新開拓地、第三級の自由地がいかにして生じうるか、そして日々続く発見の結果、それがいかに新たに生じるか、が分かる。羊飼いは家族を養うのに一〇〇ヘクタール必要とし、農民は一〇ヘクタール、菜園経営者は一ヘクタール足らずしか必要としない。もっとも何と言っても、ヨーロッパの耕地面積全体は今でもかなりの表層耕作で、住民はドイツでさえもまだ非常に疎《まば》らなので、もし皆が菜園経営に移行するなら、まず第一にはこうした大量の食糧に見合う買い手が不足するせいで、第二には土地の集約的耕作を行なうには労働者が不足しているせいで、耕地面積の半分は耕作されないまま放置されざるを得ないだろう。

したがって、われわれはいままでも、ドイツをなべてこのような第三級の自由地と見なすことができる。農民が集約的耕作を行なう際に手に入れる、狩人、羊飼い、粗放的耕作を行なう農民の収益を上回る土地収益ゆえに、アメリカ人が既存の階から雲にいたるまでの空間を自由な建築用地と見なすのと同様に、それらの耕地土壌を自由地と見なすことができる。

これまで述べてきたことを地代と賃金の理論に適用してみよう。ドイツは、前述の限定された意味では、なおも自由地である。農業労働者は、自らの賃金に満足していないなら、いつでもこの自由地に逃げ込むことができる。農業労働者の賃金は、第一級自由地の労働収益を下回ることがないのと同様に、このような第三級の自由地における労働が生みだす収益を不断に下回ることはない。この点で、農業労働者は賃金交渉に際して心強い後ろ楯を得る。そうなると、労働者側は賃金として、地主側は借地料として、いかほど要求できることになるのだろうか。

第八章　第三級自由地の地代と賃金にたいする影響

一般的な一〇〇ヘクタールの粗放的耕作(1)には一二人の人間が必要で、収穫が六〇〇トン、すなわち一人あたり五〇トン、もしくは一ヘクタールあたり六トンに達する、と仮定しよう。

さらに、同じ土地面積で集約的耕作(2)を行なうには五〇人必要で、その際の収穫は二〇〇〇トンにのぼる、と仮定しよう。その場合には、一人あたり五〇ではなく四〇トンになり、一ヘクタールあたり六トンではなく二〇トンになる。

それゆえ、集約的耕作の生産物は一ヘクタールあたりで量るなら増加するが、一人あたりで測るなら減少する。

粗放的耕作においては、一二人が五〇トンずつ生産する。したがって	六〇〇トン
そして、集約的耕作においては、四〇トンずつ生産する。したがって、たった	四八〇トン
その差	一二〇トン

は、それゆえ、一二人の人間に粗放的耕作、すなわちより少ない労働しか要さない耕作を許す一〇〇ヘクタールという大きな土地面積に帰せられるべきものである。粗放的耕作のための土地面積を自由に使用できないなら、彼らは集約的耕作に移行し、その際にはより少ない労働収益に甘んじるしかない。しかし、誰かが粗放的耕作に必要な耕地面積を自由に使用できるなら、当然のことながら、その者たちはそこから得られる利益にたいして喜んで対価を払うし、言い換えるなら、その耕地の所有者は、粗放的耕作と集約的耕作の労働収益の間に経験上前者に有利なかたちで存在する差額に相応する分だけ地代を上げることができるだろう。したがって、われわれの例では、一〇〇ヘクタールなら一二〇トン分の地代になる。

農業は労働の節約にかんしては粗放的耕作に向かい、土地の節約にかんしては集約的耕作に向かう傾向がある。ここから結果として生じるせめぎ合いに地代は起因し、このせめぎ合いの度合い（経験によって決まる）に農業生産物の地代と賃金への配分は起因する。

粗放的耕作がなぜより高い労働収益とより少ない土地収益を生むのかは、ここで説明する必要のないことである。それは農業にかんする専門的な事柄である。それに、農業においては物事の本性にその根拠があるというのが実態であるという事実だけで、われわれには十分である。事情が逆で、たとえば粗放的耕作が四〇トンをもたらすのにたいして集約的耕作が五〇トンもたらすなら、現存する労働者を駆り立てることのできない土地はすべて耕作されないままあっさりと放置されることになろう。なぜなら、前述したように、どこかにまだ現存している労働者が耕作地のさらに徹底的な耕作によって休閑地の耕作よりも多くの収穫を得るだろうからである。

人口は食物の量に相応すると語る人口論は、前述の命題と矛盾するものではない。人口は食糧の増加に相応して増加する。人口は集約的耕作を後追いするものであって、それに先行するものではない。

一例を挙げることによって、賃金と地代の間の農業生産物の分配計算をさらに明確に示しておきたい。

A　一二人の仲間が一〇〇ヘクタールの私有地を通常の粗放的農法で耕作し、四八〇トン、つまり一人あたり四〇トン収穫する。

B　六〇人の仲間が同じ土質の同じ一〇〇ヘクタールの私有地を集約的農法で耕作し、九〇〇トン、つまり一人あたり一五トン収穫する。

(1) 一二人の仲間にたいして六〇人の仲間は、一人あたり二五トンの収益減（四〇―一五＝二五）である。

(2) この収益減はもっぱら、Aが営むことのできる粗放的耕作が、労働者の頭数に応じて計算すると、より多くの収穫を生むことに起因する。

(3) それゆえ、Bの六〇人の一人がAの一二人の一人と交替することを望むなら、その者は相手に労働生産物の差額分――つまり二五トン――を補償しなければならない。一二人が交替を望むなら、この一二人も一二×二五トン、つまり合わせて三〇〇トンを受け取ることになる。

(4) この三〇〇トンは、仲間一人あたりのより大きな耕作面積に帰せられるべきものなので、地代となる。しかし、それは実際の地代の一部にすぎない。

(5) つまり、Bの六〇人から四八人が取り除かれるなら、残ったBの一二人はAの一二人の仲間と同じ労働生産物（四八〇）を手に入れることだろう。そのとき、Bの一二人は一人あたり一五トンではなく四〇トンを手に入れることになり、それはBの一二人にとっては三〇〇トン、一人あたりでは二五トン増えたことになる。

(6) このBの四八人の仲間関係からの脱退を、残った者は毎年一人あたり三〇〇÷四八＝六・二五の補償によって達成することができる。

(7) 残ったBの一二人が脱退したBの四八人を他の仲間で置き換えることを望むなら、後者は各自六・二五トン払ってその参加を求めなければならない。彼らが賃金労働者として加わりたいなら、彼らの労働生産物から六・二五トン差し引かれる。その場合には賃金として八・七五トンが残る。

(8) したがって、百ヘクタールの地代全体は六〇×六・二五、言い換えるなら三七五トンである。それゆえ、賃金と地代は以下のように分配される。

六〇×六・二五＝三七五　集約的耕作の生産物からの地代差し引き額
六〇×八・七五＝五二五　地代を差し引いた後に残る賃金
六〇×一五　　＝九〇〇　集約的耕作の生産物
一二×八・七五＝一〇五　賃金 - 前述どおり
　　　　　　　　三七五　地代 - 前述どおり
　　　　　　　　四八〇　粗放的耕作の生産物

地代生活者と労働者の間の生産物の分配は、以下のように算出される。

（1）集約的耕作と粗放的耕作における労働生産物の差額を確定し（四〇—一五＝二五）、この差額に粗放的耕作に従事している者の数を乗じることにより、一二×二五＝三〇〇（この結果は差額地代に合致すると言ってよいだろう）。

（2）粗放的耕作に従事している者を差し引き（六〇—一二＝四八）、差額地代（三〇〇）をこの数で割ることにより、三〇〇÷四八＝六・二五。

（3）このようにして得られた数字を集約的耕作に従事している者の総数と乗じるなら、使用された人数に適用された土地の地代が得られる（六〇×六・二五＝三七五）。

（4）労働者の頭数に割り当てられた地代（六・二五）を労働生産物（一五）から差し引くなら、賃金が得られる（一五—六・二五＝八・七五）。

われわれは粗放的耕作を、この農法が狩猟、牧畜、三圃式農法、荒地、もしくは今日広く行なわれている比較的高度に発達した農法のような、どのような特色を他にも有していたとしても、そのことにはまったくかかわりなく、自由になる耕地面積全体を耕作するために、考えられるすべての労働力が動員されねばならない耕作であると解する。

集約的耕作は、より大規模に展開するなら、全般的な労働力不足が生じざるを得ない耕作であると解される。

粗放的耕作と集約的耕作は、以下のような条件付きで解されるべきである。羊飼いは猟師にたいしては集約的耕作家である。それゆえ、牧羊家は土地（猟場）を借りるにさいして定期的に地代を払わねばならないし、また払うことができる。

粗放的耕作は最高の労働生産物（賃金と地代）を与え、集約的耕作は最高の土地生産物を与える。土地所有者は両者を結合させることを望むし、もちろん集約的農法を営もうと努力する。しかし土地所有者は、粗放的耕作を営む者から労働者を奪い、そうすることによって土地を休閑地にすることによってしか、それを果たせない（第三級の自由地）。しかしまた、土地所有者が、自らの土地を簡単には休閑地にしたくないために、賃金を上げることによって労働者を自らの土地に縛りつけようとするのは見やすい道理であるし、賃上げによって採算ライン（賃金引き上げによる地代の解消）を越えかねないのも明らかである。土地所有者はなにはともあれ、何もないよりは賃料としてヘクタールあたり一マルク受け取る方を選ぶだろう。

かくして、第三級自由地は賃金と地代を均一化するものとして働く。第三級自由地は賃金を決めるに際してあらゆる恣意を排除する。土地所有者は労働者が好ましく思うほどは払わないし、労働者も満足するほどは要求せず、両者とも「受け取れる以上のものは決して手にしない」のである。

原註

（1）労働節約型耕作＝粗放的耕作

（2）土地節約型耕作＝集約的耕作

第九章　経営上の改善による賃金と地代にたいする影響

専門的な改善は、労働生産物を増加させる。その改善が集約的耕作の場合と同様に粗放的耕作に際しても一様に労働生産物を増加させるという条件のもとでは、賃金と地代も安定して上昇する。

ここで、それをもう一度計算して見よう。

A、一二人の仲間が一〇ヘクタールで四八〇トン、一人あたり四〇トンを収穫する。

B、六〇人の仲間が一〇〇ヘクタールで九〇〇トン、一人あたり一五トンを収穫する。

八五～八七ページの計算にしたがえば、一〇〇ヘクタールの地代は三七五トンになり、賃金は八・七五トンになる。

経営改善により、労働生産物が一様に四分の一だけ増大する。つまり、Aの場合は四八〇トンから六〇〇トンに、一人あたりなら四〇トンから五〇トンに増大し、Bの場合は九〇〇トンから一一二五トンに、一人あたりなら一五トンから一八・七五トンに増大する。
八五～八七ページの説明例にしたがえば、以下の結果になる。
地代　五〇―一八・七五＝三一・二五×一二＝三七五÷四八＝七・八一×六〇＝四六八・六〇
賃金　一八・七五―七・八一＝一〇・九四

A、一二×一〇・九四＝一三一・三四　賃金
四六八・六六　地代
六〇〇・〇〇　生産物

B、六〇×一〇・九四＝六五六・四〇　賃金
四六八・六〇　地代
一一二五・〇〇　生産物

したがって、地代は三七五から四六八・六〇に二五％上昇し、同様に賃金も八・七五から一〇・九四に二五％上昇した。

それゆえ、分配率には依然として影響はない。以上のような仮定に立った場合、地代生活者は経営改善により、労働者と同じ利益を引き出すことになる。

ただ、経営改善が双方の耕作方式――集約的耕作と粗放的耕作――に役立つことはめったになく、経営改善が双方にとって均等に役立つことはさらに稀である。たとえば、集約的耕作を行なう者が一〇本の水平刃のついた自動鋤や種蒔き用の飛行機をもっても、何の役に立つのだろうか。このような機械は、大平原でのみ利用できる。集約的耕作にとっては、こうした機械はまったく無用の長

物であり、それはたとえば、鼠の駆除にとってライオンが無用であるのと同じである。

第三級の自由地にとっては自動鋤は考慮の対象にもならないが、アメリカの広大な平原にある第一級および第二級の自由地にとっては逆に考慮すべきものとなる。そこではたった一つの自動鋤[1]が五〇人以上の農民の耕地を耕し、しかも容易に費用をかけずにそれを行なうことができる。当然、後者の自由地農民の労働生産物は著しく増加する。しかし、労働収益は労働生産物しだいであり、この自由地農民の労働収益がどこにおいても地代農場における労働者の賃金を規定する。

したがって、労働生産物の労働収益への転化にまつわる諸状況が不変であるならば、賃金は自動鋤によって労働生産物が増加するのとほぼ同じ比率で上昇するはずである。しかし、この諸状況は不変ではないので、われわれがはじめに行なった労働生産物と労働収益の区別がいかに必要不可欠であるかが、ここで再び明らかとなる。なぜなら、労働生産物ではなく労働収益こそが、全般的に賃金を規定するからである。

したがって、自由地農民の労働収益が増加するなら、工業労働者の労働収益も簡単に増加する。もしそうでないなら、工業労働者は農業に、第一級、第二級、第三級の自由地に逆流してしまうだろう。工業労働賃金のこうした増加は、自由地農民の生産物と工業の生産物の間の交換比率の変動をとおして生じる。自由地農民は蓄音機や猟銃や家庭用救急箱を手に入れるために、一〇袋の小麦ではなく一二袋の小麦を差し出さなければならなくなる。そのようにして、自由地農民は労働生産物の労働収益への転換に際し、余剰生産物の一部を工業労働者にむけて無駄に費やさなければならない。したがって、自動鋤は賃金を全面的に押し上げることになる。

しかしながら、賃金労働者が自動鋤によって獲得するものは、自動鋤が増やしたものよりも大きい。自動鋤は一億トン多く生みだすかもしれないが、全労働者に分配されるならば、それは自由地農民の労働収益増加にまったく釣り合わないごく僅少な額になるだろう。その事情は以下のようである。

第一級および第二級の自由地農民の労働収益が増加するなら、ヨーロッパの地代農場の労働者の賃金も上昇する。しかもそれは、労働生産物の増加なしにである（なぜならここでは、自動鋤は全然もしくはごく限られた規模でしか使用できないからである）。それゆえここでは、賃金の上昇分は地代が負担することになる。したがって、自由地農民の余剰生産物は賃金上昇の原資のごく一部にすぎない。同様に、このことを計算によって把握してみよう。

性能のよい機械が発明された結果として、第一級および第二級の自由地の労働生産物が増加する。つまり、この機械の利子と維持費を差し引いて、二〇％の増加である。労働収益は一〇％しか増加しない。なぜなら、すでに示したように、工業労働者は自らの生産物と引き換えに以前より多く要求するし、実際要求できるからである。工業生産物の農業生産物にたいする交換比率が、前者の有利になるように一〇％変動する。それゆえ、二〇％のうち一〇％だけが残り、一〇％は全般的な労働賃金に転用される。

したがって、われわれの地主は労働者の高まった要求を満足させるために、地代に手をつけねばならない。なぜなら、彼の農地の生産物は増加していないからである。それゆえ、一〇〇ヘクタールの地代が三七五トン、労働者の人数が一二人、賃金が八・七五であったとすれば、いまや賃金支出は一二×八・七五＝一〇五トンではなく、八・七五＋一〇％＝九・六二×一二＝一一五・四四トンになる。しかし、地主の損失はトンで表わされた彼の地代の減少にとどまらない。農業生産物は、労働生産物の形では自由地農民の役には立たないように、トンの形態をとった地代では地主の役には立たない。しかしながら、三六四・五六トンの工業生産物との交換に際して、地主はすでに述べた交換比率の変動のせいで、またもや一〇％失い、その結果、地代はいまや三六四・五六トン－一〇％＝三二八・一〇トンになる。％で表わせば、総損失額は一二・五％になる。賃金支出と比べて地代が少なくなればなるほど、賃金上昇は地代生活者にとって顕著なものとなる。だが他方また、地主には労働者の雇用から損失が生じ、結果的に広い農地を管理する地主が余裕のない農地を管理する地主より土地から多くの地代を引き出すことはあり得ないので、集約的耕作から粗放的耕作への後退運動が生じる。労働者は解雇され、そのことが賃金にとって圧力となり、賃金を正規の水準（つまり、第一級および第二級の自由地農民の一〇％上昇した労働収益）以下に引き下げる。そうなると、こちらの賃金とあちらの労働収益の均衡が再び成立するまで、移住が増えることになる。

そこでさらに、経営改善が粗放的耕作には役立つけれども集約的耕作には役立たない場合の、生産物の賃金と地代への分配を計算してみなければならない。

Aの一二人の仲間の労働生産物は四八〇から六〇〇に増加し、Bの六〇人の仲間の労働生産物は九〇〇にとどまる。個々の人間で計算するなら、いまやAの仲間には五〇トン、Bの仲間には依然として一五トンが割り当てられる。その差は二五トンから三五トンに拡がる。

八五～八七ページのわれわれの説明例に従って計算すれば、いまや地代は三七五ではなく五二五になり、賃金は八・七五ではなく六・二五になる。

三五×一二＝四二〇÷四八＝八・七五×六〇＝五二五トン　これが地代である。

一五―八・二五＝六・二五　これが賃金である。

一二×六・二五＝七五　賃金支出
　　　　　　五二五　地代
　　　　　　六〇〇　生産物

六〇×六・二五＝三七五　賃金
　　　　　　五二五　地代
　　　　　　九〇〇　生産物

この例からわれわれは、経営改善の影響が土地生産物の分配に際してかなり不均衡なものになることをはっきりと感じとることができるし、改良がまず第一に誰の役に立つのか、第一級および第二級の自由地なのか第三級の自由地なのか、それとも粗放的耕作なのか、が重大問題であるということが分かる。

しかしまたわれわれは、前時代の労働者が機械の導入を自分たちにとって不利益であると感じてその破壊を要求した際に、彼らがかならずしも間違っていたわけではないことも分かる。いましがたの計算でそうなったように、経営改善に際して、地代が生産物の余剰分を自らのために要求するのみならず、さらに賃金も引き下げることが、まさに生じうるのである。したがって、直前の仮定においては、粗放的耕作の生産物は四八〇から六〇〇トンに二五％増加したが、地代は三七五から五二五トンに四〇％増加した。そして、労働生産物の増加（四〇ではなく五〇）にもかかわらず、賃金は八・七五から六・二五トンに下落したのである。

原註

（1）自動鋤は農業協同組合が所有していることもあるが、通例は事業家、蹄鉄製造工が所有しており、彼らが修理も行なう。

第十章　科学的発見の地代と賃金にたいする影響

最近数十年間にドイツの農地の収穫量が三倍になったのは、機械以上に科学的発見のおかげである。ここでは手短に、カリ岩塩とトーマス鉱滓が肥料になることの発見、窒素を集める植物、窒素肥料（石灰窒素）の人工的生産、植物や動物の疫病の撲滅等に言及するにとどめる(1)。

しかしながら、こうした発見は均等に土地の生産力を高めるわけではない。これまでまったく不毛の地と見なされたきた荒地、湿地、砂地こそが、この発見から最大の利益を引き出した。こうした土地では単に収穫が三倍になるのではなく、砂地や荒地はそもそもそれまで耕作されることもできなかったのだから、新しい土地が生み出されたと言うことができる。以前は、このような荒蕪地のごく一部が、ヒース（訳註 針葉や綿状の葉をもつ小低木の茂った乾原）を焼き払うことで一五年ごとにわずかな収穫物をもたらしていたにすぎない。こうした所有地が、いまや毎年定期的に豊かな収穫物をもたらす。それ自体がもともと肥沃な農地は、当然ながら、そうでなくてもすでに豊かな収穫をもう一度三倍にすることはできない。そのような農地は、通例そうであるように、農耕と牧畜が手を携えるなら、永遠の若返りのために必要な肥料さえ与えてくれる。それゆえそこでは、もともと不毛の荒地だったところよりも、人口肥料ははるかに小さな役割しか果たさない。人口肥料は、第一級および第二級の自由地の収穫には、いっそう小さな影響しか及ぼさない。このような処女地においては、通例そもそも肥料は必要ない。おまけに人口肥料は、高い運送費をかけなければそこに運び込むこともできない。

したがって、科学的発見は、それが応用される土地に応じて、賃金と地代に異なった作用を及ぼすので、機械の場合とまったく同様に、それが賃金や地代を引き上げるのか引き下げるのかについて一般的に語ることは不可能である。個々の場合について明確に見極めるには、そこに介在するあらゆる事柄にかんする慎重かつ用意周到に行なわれた包括的研究が必要となる。あらゆる事柄を考慮に入れた場合には、八五〜八七ページの説明例に従うことができる。何一つ見落とさず、あらゆることを正しく評価するなら、確実な結論に到る。したがって、ここでのテーマを前章のように計算例によって説明しないでもよかろう。

原註

（1）物理学者ロッジ Lodge（訳註 Sir Oliver Joseph, 一八五一〜一九四〇年。英国の物理学者。電磁気を研究）は、農場に電気を通すことで、三〇〜四〇％の収穫増を達成した。

第十一章　賃金と地代への法律的介入

地代生活者と労働者の間の労働生産物の分配にたいする立法の影響は、多種多様であり、広範囲に及ぶ。また、政治というのは実質的には賃金や地代への攻撃とその防御措置以外の何ものでもない、としばしば言われる。そこでは通例、感情的態度がとられる。関連が完全に見抜かれることはないし、もし見抜かれたとしても、それを暴かない分別が働く。熱意、情熱をもって擁護される手段が立てられた目標に適うことになるという科学的証明を求めて努力がなされることはあまりない。政治と科学は互いに合致することはない。政治の目的はしばしば、まさに科学的知見の突然の出現を妨害するか、少なくとも遅延させることにある。関税にかんして、そもそも何が主張されてこなかっただろうか。関税は農業を保護し促進すると、直接的利益を懐にしている者たちは言う。パンの小ささで関税に気付く者にとっては、それはパンの暴利、強奪を意味する。一方は「関税を支払うのは外国人だ」と言い、他方はそれにたいして「関税はむしろ消費者に押し付けられたのだ」と応酬する。そうやって過去五十年にわたり、われわれの目の前で演じられてきたきわめて人間臭い出来事をめぐって争いが起こり、いまだ以前より賢くなった気配は皆無である。それゆえ、商品の分配にたいする立法の影響を計算例をあげて説明する価値は十分ある。

商人が大量の煙草を発注し、国境でその貨物にたいして一〇〇マルクの関税を支払わなければならないことを知るとすると、誰でもその商人は利子と利益に加えて関税を煙草の価格に上乗せできると確信しているにちがいないことを認めるだろう。関税は商人にとって資本の不可欠の構成要素であり、商人は在庫調べに際して、関税費用を荷箱、袋、貨物と同様に貸方に記帳する。

一〇〇トンのジャワ煙草	二〇〇〇〇〇マルク
輸送費と関税	五〇〇〇〇マルク
	二五〇〇〇〇マルク

一〇％の予想利潤　　二五〇〇〇〇マルク
資本　　二七五〇〇〇〇マルク

商人は関税をこのように処理する。そうであるなら、どうしてわれわれの土地所有者も、国家が土地税として彼から徴収する貨幣をそのように処理しないはずがあろうか。事実また、そのように処理されているとしばしば主張されてもいる。「利子と利益に加えて、税はすべてただちに小作人、借地人に押しつけられ、とどのつまり土地税は労働者の乏しい賃金のなかに最後の憩いの場を見いだすだろう」と言っているのは、ほかならぬ土地所有者自身である。しかし、もしそれが事実で、土地所有者もそう考えているなら、土地税を人頭税、賃金税、所得税に変えた方がずっとよいだろう。そうなれば、労働者は少なくとも、地主が税に上乗せする利益や利子を節約できることになる！

そこで、この事例をより詳しく研究できるようになるために、エルンスト・フランクフルトが彼の小著『不労所得[1]』のなかで提起した「土地税収入をどう扱うか」という問いに答えることがどうしても必要となる。実際、国家が税収を地主の役に立つようにその広大な所有地を通る大通りを建設するために使うのか、小作人の子弟の学費を軽減するために使うのか、はたまたたとえば外国産の穀物の輸入助成金を払うために使うのかは、土地税のその先の運命にとってどうでもいいことではあり得ない。われわれがそれを知らないかぎり、われわれは「結局のところ、誰が土地税を払うのか」という問いに答えることはできない。そう、フランクフルトは述べている。

土地所有者のなかには、国家が自分たちに課税し、そのお金で自らの所有地の経営のために必要となった大通りを建設することを、期待しない者もいる。彼らは自分で建設する。その費用は、開墾、排水等と同様に、投資の一環である。土地所有者は大通りに、そのために費やされる貨幣の利子を埋め合わせる利益を期待している。それにもかかわらず、通例、国家が大通りを建設して土地所有者にそのための課税を行なうとすれば、それは単に、規則に従って相反する利害を有する何人もの土地所有者の領域を分断せねばならない大通りを建設するためには、国家にのみ当然与えられるべき土地収用権が必要となるせいである。しかし、たとえ国家が大通りを建設しても、そのために引き上げられた土地税は投資であり、地主はその利子を再び全額取り戻すことを期待する。そして、こうした特性こそが、税というものがおよそ一般的に有している特性である。もし国家が野蛮人の侵入にたいして国境を防護するために土地税を引き上げるなら、地主はコサックやアメリカ人の侵入にたいする安全保障に当てられるこの税収分を節約できる。

それゆえ、国家が土地税収入を地主の有利になるように使うなら、この税は単に投資と見なされるべきである。それは、国家が行なった奉仕にたいして国家が受ける報酬を意味する。地主は、労働者の賃金を記帳するところに、この税を記帳することができる。もし地主が土地を賃貸ししているなら、地主は税を借地料に上乗せするし、国家が費用をかけずにうまく仕事を進めるなら、その全額を生かすことができ、国家が仕事を進めるにあたって有能な建設業者としての才覚を発揮したなら、それに利得も加わることになる。

だが、国家がその税収で小作人や労働者をたとえば学費から解放するために地主に課税するなら、どういう事態になるだろうか。それでもなお、地主は土地税を採算のとれる出費と見なせるだろうか。それがそうではなく、地主が反対に、小作人の借地料を課税によって小作人が節約できた分だけ上げることもできず、労働者の賃金を引き下げることもできない場合を、想定してみよう。もしそうなれば、小作人と賃金労働者にとっては、免除された学費の分だけ労働収益が増加することになろう。だが、地主は何故に小作人と労働者の労働収益を増加させなければならないのだろうか。まさか自分が課税されるからとでもいうのだろうか。しかしながら、小作人と労働者の労働収益は第一級、第二級、第三級の自由地における労働収益によって規定されるので、そうする根拠は何もなかろう。土地税の税収がたとえば同じく学費の軽減のかたちで第三級の自由地農民の役に立つように使用されるなら、たしかに賃金労働者と小作人の労働収益と自由地農民の労働収益の均衡は乱されないだろうし、地主が土地税を土地の賃貸料と賃金に肩代わりさせることはできないだろう。しかし、そうではない場合は、地主は小作人に次のように言う。「私の農地がお前に提供する利益に、さらにお前の子どものための無料の学校も加わる。肥沃な粘土質土壌、健康によい気候、美しい湖の景観、市場への近さ、無料の学校、これらすべてを合算すると、お前は私に一ヘクタールにつき一〇〇マルク払わなければならない」。そして賃金労働者には、地主はこう言う。「賃金カットを承服できないなら、お前は余所に移ってもいいんだぞ。お前には私が払う賃金があり、しかもお前は子どものための無料の学校や他の社会的施設の恩恵も被っているにもかかわらず、第一級、第二級、第三級の自由地を耕す場合と同じくらい儲かっていないのかどうか、計算し直してみろ。余所に移る前に、計算し直してみるがいい！」

税収が自由地農民、なかんずく第三級の自由地農民のためにも使われないなら、すぐさま土地税が全額転嫁されるのを目にすることになる。それにたいして、土地税の税収がなんらかのかたちで集約的耕作につぎ込まれるなら、第三級の自由地農民の労働収益の増加は粗放的耕作に携わっている労働者の賃金に伝播するし、土地税はこの場合、転嫁不能になるばかりでなく、あるときは税の全額分の負担、またあるときは労働者の要求のつり上げというかたちで、地代に二重の負担をかけることにもなる。

この注目すべき現象を、計算例によって裏付けてみたい。地代生活者Aは、自らの地代から五二五トンの半分を税として支払わなければならない。土地税の税収は、第三級自由地農民、すなわち集約的耕作になんらかの形でつぎ込まれる。第三級自由地農民の生産物は、九〇〇トンから約一二〇〇トンに増加する。ここでわれわれの賃金および地代の計算方法を適用することで、以下の計算結果が得られる。

従来

粗放的耕作Ａ　一〇〇ヘクタール、一二人の労働者で四八〇トン、一人あたり四〇トン

集約的耕作Ｂ　一〇〇ヘクタール、六〇人の労働者で九〇〇トン、一人あたり一五トン

八五〜八七ページの計算によれば、地代は三七五トン、賃金は八・七五トン

現在

粗放的耕作Ａ　一〇〇ヘクタール、一二人の労働者で四八〇トン、一人あたり四〇トン

集約的耕作Ｂ　一〇〇ヘクタール、六〇人の労働者で一二〇〇トン、一人あたり二〇トン

差額　二〇トン

算出値

二〇×一二＝二四〇÷四八＝五×六〇＝三〇〇トンの地代（従来三七五）

二〇−五＝一五トンの賃金（従来八・七五）

Ａ		Ｂ	
一二×一五トン＝一八〇	賃金	六〇×一五＝九〇〇	賃金
三〇〇	地代	三〇〇	地代
四八〇	生産物	一二〇〇	生産物

したがって、このような税の使用法によって、地代は三七五トンから三〇〇トンに減少し、そこからさらに三七五トンの五〇％＝一八七・五〇トンの税額が差し引かれ、その結果、もともとの地代三七五トンからはもはや一一二・五〇トンしか残らない。それゆえ、五〇％の税率は、税額を賃金を押し上げる方向に使用することによって、七〇％の地代減少に姿を変える。

三七五一―一一二・五〇＝二六二・五〇÷三七五＝七〇％

このことから、フランクフルトが土地税で何をするのかを問うた際にいかに彼が正しかったか、そして土地税が転嫁可能か否かという問いに、そのために必要な下準備を終えもしないで答えようという誘惑に駆られることがいかに無分別なことであるか、が分かる。また今となってはもう、社会政策家によって推奨される手段がいかにしばしばその目的に適っていないか、その手段がいかにしばしば求められているものと反対の結果をもたらし得るかに、誰しもうすうす感づいていることだろう。しかしまた、労働生産物の分配に際して、国家がいかなる権力を行使し得るかも、同時に理解される。

せめて社会政策的な提案の評価に多少とも習熟するために、さらに、国家が変化をつけるために穀物関税に代えて穀物奨励金を導入し、そのために必要となる財源を地代税によって調達する場合も、検討してみたい。要するに、国家が土地所有者からその穀物の一部を取り上げ、作物を直接間接に輸出する者、つまり第三級の自由地農民ではなく第一級、第二級の自由地農民に与えるのである。

われわれの八五〜八七ページの計算に基づいた比率から出発する。ドイツで通用している八・七五の賃率に、第一級および第二級の自由地の労働収益は合致する。つまり、三〇トンに達する可能性のある自由地農民の労働生産物が、運送費と関税によって一五トンに減少し、この一五トンの販売額を労働収益の対象物（自由地農民の日用品）に転換する際には、帰り荷にかかる運送費によってさらに減少し、その結果、自由地農民の家にたどりつくときには、結局、労働収益として八・七五トンしか残らない、ということである。

いまや、原則どおり、ドイツにおいては穀物関税が穀物奨励金に転換されることになる。穀物関税が地代生活者にとって都合がよいものだったとすれば、いまは穀物奨励金は労働者にとって応分のものとなる。そのために、自由地農民はもはやいかなる関税も払う必要がないばかりか、さらにドイツの土地所有者の地代から、彼が帝国に輸出する穀物一〇トンごとに奨励金として供出された約三トンも受け取る。その結果、彼は今は一五トンではなく一八トンの穀物を販売し、彼の労働収益は今は八・七五×一八÷一五＝一〇・五〇に達する可能性がある。

自由地農民の労働収益が増加するなら、ドイツの労働者の賃金も上がる。その結果は、以前の場合と同じである。地主は税を払わねばならず、その税収は結局は賃金に加えられることになり、その結果、税は転嫁できないばかりかそれ自体の額以上に地代に重くのしかかる。乱された均衡は、こうした地代の減少とともに、近い将来に再び回復されることはない。第一級、第二級、第三級の自由地における耕作賃金の上昇は、以下のことを生じさせる。すなわち、工業労働者は農業に戻り、以前より多くの農産物と以前より少ない工業製品が市場に投入され、その交換比率は工業製品やその他の成果に有利な方向に変動し、地代生活者はいまやすでに相当減少している地代生産物（小麦）と引換えに以前より乏しい地代収益（地代生活者が生活のために必要とするすべて）を手に入れるしかなくなるのである。

自明のことながら、この農業生産物と工業製品の交換比率の変動は、すべての者の労働収益の均衡がそこに見いだされるまで、農業労働者の賃金と同様、第一級、第二級、第三級の自由地農民の増大した労働収益にも、反作用を及ぼすことになる。

原註

（1）Physiokratischer Verlag, Berlin-Lichterfelde.

第十二章　関税、賃金、地代

多くの者は、輸入関税は輸入奨励金の対極にあるのだから関税にかんしては物事が逆に推移するにちがいないと、いとも簡単に推定しがちである。それゆえ、関税は地代を二重の仕方で、つまりあるときは直接、関税に応じた農業生産物の価格の異常な上昇により、またあるときは第一級および第二級の自由地農民の関税額分減少した労働収益に由来する賃金への圧迫により、引き上げるにちがいない、と考えられている。

それが真実であるかどうか、検討してみよう。

まず第一に、保護関税は根本的に、この関税がそれを取り立てる国家よりも土地所有者にたいしていっそう強力な影響を及ぼすという点で、他の関税や税と区別される、ということが認められよう。土地所有者が高騰したパンの代金によってパンの消費者から取り立てる一〇億[1]にかかるコストは、国家が穀物輸入から取り立てるであろう一億である。それゆえ、こうした代物は保護関税とも呼ばれる。というのも、それは当然、土地所有者の地代を保護し、増加させ、担保証券や抵当権に新たな保証を与えることになるからである。国庫財産にかかわる関税のみが問題ならば、たとえば煙草の場合のように、輸入された商品のみならず自国産の商品も課税されることになる。たとえばドイツでは、煙草を栽培している者は税務署に届け出なければならず、スペインでは国家収入を考慮して、煙草栽培は実際に禁止されていた。だが、穀物の場合の関税は国庫にとって副次的なものであるとすれば、われわれがここで提起したい事柄にとっては、フランクフルトの関税収益の使途にかんする問いも副次的な意義しかもたない。したがって、支払われた穀物関税は完全に無視して、関税の保護のもとに置かれた地代にわれわれの注意を向けたいと思う。

地代生活者と労働者の間の生産物の分配は恣意的に行なわれるのではなく、事柄そのものに根ざした法則にしたがって行なわれる。この分配への人為的な介入は、この法則に反してではなくこの法則を駆使して行なわれなければならず、さもなければ失敗に終わるにちがいない。しかしながら、たとえその試みが失敗に終わっても、乱された諸力の均衡が再び回復されるまでは、通例かなりの時間が経過するし、その合間には、静止状態にあったところから衝撃を与えられて動きだす振り子のように、しばしば事態が推移するだろう。その際には、労働生産物の分配点は、その昔の位置を再び占めるまで、地代と賃金の間を揺れ動くことになる。

保護関税の概念が、賃金と地代の間の生産物の分配を支配する経済法則とは絶対に相容れないものだとすれば、それは関税という目標からはずれたものにちがいなかろうし、それによって意図されたもの、すなわち賃金を犠牲にした地代の騰貴は、おそらく一時的にのみ、言い換えるなら合法的な介入によって乱された諸力の均衡が自ずから回復されるまで、生じるにすぎないことになろう。

われわれはこのような事柄を、関税によって生じる経済的事象の全体像を得るために必要となるかぎりにおいてのみ、追求してみたい。われわれが私経済やなんらかの他の仕方で生じる個々の事例、たとえば二〇マルクの関税率がある騎士領の販売額をどれほどつり上げるかといった問題にかんして有益な判断を形作ろうとするなら、この研究を本書の枠を越えて拡張せざるを得なくなるだろう。

関税にかんしてまず第一にわれわれに関わってくることは、関税に保護された土地の賃金が依存している自由地農民の労働収益――つまりは、第一級および第二級の自由地農民の労働収益――にたいする関税の影響である。その労働生産物が同じく関税によって「保護」されている第三級の自由地農民の労働収益にかんしては、のちほど語ることにする。

第一級および第二級の自由地農民は、当然ながら関税を、自らの労働生産物を労働収益の対象と交換する際の費用を増加させる他のあらゆる負担と同様に、ひとつの負担と見なす。この費用増加が高騰した貨物運賃率からくるものであるか、はたまた高騰した袋代、海上略奪や横領、関税から来るものであるかは、彼らにとってはほぼどうでもよいことである。消費者が彼らの労働生産物（小麦）に支払うものを、自由地農民は自らの労働販売額と見なすのであるが、この労働販売額を関税と運送費が減少させるのである。彼らの労働収益も、それに応じて少なくなる。これまで彼らが運送費のためにたとえば三〇％の労働販売額を失ったとすれば、この損失率は関税によって五〇～六〇％に上昇する可能性がある。

アルゼンチンの海港からハンブルグまでの運送費は、通常一〇〇〇キロ＝一トンあたり一五マルク付近を上下する。これに、生産現場から港までの、何倍もの額にのぼる鉄道運賃が加わり、全体で約五〇マルクになる。ドイツの輸入関税は、一〇〇〇キロあたり五五マルクに達する。したがって、約二四〇マルクの価格ならば、合わせて一〇五マルクになる。

それゆえ、関税の直接的結果として、第一級および第二級の自由地農民の労働収益は減少し、この労働収益に関税で保護された土地の労働者の賃金は依存しているので、労働者の賃金も、ひょっとして当初は、賃金は据え置かれたまま食品価格が上昇することで間接的に下落するにすぎないかもしれないが、やはり下落するのである。したがって、関税は土地所有者に、自らの余剰収入を賃金の上昇分の支払に当てたり、個人的に必要とする工業製品を買うためにもっとたくさん支払う必要なしに、生産物にたいしてより高い代金を要求することを許す。というのも、第一級および第二級の自由地農民の労働収益が減少した結果、その賃金闘争が同じく自由地農民の労働収益を基盤として闘い抜かれるところの工業労働者による賃金引き上げや関税負担の転嫁も、やり遂げることができなくなるからである。かくして、工業労働者にとっても、農業労働者や第一級および第二級の自由地農民にとってと同様、関税負担は転嫁不能となる。関税は、のちほどさらに論じられるべき、漸進的に生じる反作用が判然としてこないかぎり、全額まるまる地代生活者への贈り物となる。その場合、関税は国境で帝国の国庫に流れ込むものではなく、関税障壁のせいで自国産品のためのあらゆる国内市場で価格の上昇したパン、卵、ハム、ジャガイモを買わねばならない消費者から取り立てられ、地代生活者の財布に流れ込むもの、を意味する（土地が賃貸しされるなら、借地料はすぐさま関税分上昇する。土地が売られるなら、関税は資産に組み込まれ、結局、一〇〜二五倍されて通常の土地代に付け加えられる）。

政治家は、関税は外国によって支払われる、と言う。そして、それは正しい。まったくもって正しい。国境の関税窓口で帝国の国庫に流れ込むひと山の貨幣は、たしかに外国に移住した自由地農民（多くの場合、ドイツ人移民）によって支払われる。それは、彼らの労働収益から差し引かれる。しかし、国境で関税として入ってくるものは自由地農民が支払うと言ってみたところで、真面目な話、関税がドイツの労働者にとって魅力的なものになり得るだろうか。自由地農民の労働収益がドイツの労働者の賃金の基準になるのだとすると、それはなんの慰めにもならない！ドイツの土地所有者によって関税の全額分つり上げられた食品の代価を自分の財布から支払わねばならない労働者にとっては、なんの慰めにもならない！

資本利子が関税負担の一部を担うだろうという信念、希望、確信に満ちた主張は、これからわれわれが示すように、誤りである。利子、なかんずく新たな投下を求めている資本は、課税することができない。それは、いかなる関税政策からも自由で、独立したものである。

しかしながら、関税は反作用なしではすまない。ゆっくりではあるがそれゆえ確実に、それは歴然たるものになる。それは次のように進行する。マニトバ（訳註 カナダ中部の州。小麦の大産地）や満州やアルゼンチンの自由地農民が、ベルリンの友達に手紙を書く。「ベルリンにいる君が私の穀物に支払った代価の半分以上が、運送費や関税として私から失われるし、私が君の商品（工具、書籍、薬など）にここで支払わなければならない金額からも、同じく半分以上が運送費、関税によって失われる。もしわれわれが近所に住んでいるなら、この出費は節約できるだろう。われわれ、つまり君と私は、われわれの労働収益が倍増するのを目にするだろう。私は私の農地を君のところにもっていくことはできないが、君は君の仕事場、工場をこちらに移すことができる。こっちに移ってきなさい。そうすれば、私は君に君が必要とする食糧を君が今払っている価格の半分ほどで供給するし、君も私に君の製品を私が払わなければならない価格の半分ほどで供給できることになる」

たとえこの申し出の実現が多くの者に阻止されるとしても、この計算自体は正しい。ほとんどすべての工業部門は多かれ少なかれ互いに依存し合っているので、工業は通例、可能な限りすべての工業が現に存在している所でしかうまく存続できない。それゆえ、工業の移転は漸進的にしか行なわれ得ないし、その本性上独立した企業体、つまり煉瓦工場、製材所、製粉所、印刷所、家具工場、ガラス工場などの、概してその製品が格別多くの運送費や関税負担の原因となるような企業体から開始される。しかしながら、個々の工業部門の移転はやはり損得勘定にかかっているので、運賃率とならんで工業移転に決定的影響を与えるのは、多くの場合関税ということになる。穀物関税が高くなればなるほど、商売道具を荷造りして自由地農民の近くに仕事場を設けた方が、有利になるだろう。そして、自由地農民の近くに移転する新たな工業はすべて労働収益を増加させ、その増加した労働収益が今度は関税に保護された国の賃金に反作用を及ぼすことになるのである!

それゆえ、土地所有者にとっての関税の利益は、遅かれ早かれ、再び賃金引き上げのために消えてなくなる。それを知る土地所有者は、はたしてそのための手筈を早めに整える。彼らは、反作用が歴然としてきて、間違いなくまた繰り返される「農業の苦境」[(2)]に際して帝国議会に援助を求めることを後継者に委ねるはめに陥る前に、農地を売り払う。

しかしながら、関税による保護の反作用は、第一級および第二級の自由地農民の行動だけに見られるわけではない。われわれは、第三級の自由地農民が関税にかんしてどのような境遇に置かれるかも、顧慮しなければならない。そこでは、第一級および第二級の自由地農民とはまったく逆の事態が生じている。第一級および第二級の自由地農民が関税を自分の財布から支払うとすれば、第三級の自由地農民は関税の保護のもと、自らの需要を超えた分の生産物を市場にもたらすことによって、保護関税の恩恵や消費者の「略奪」に関与する。彼は関税のおかげでいまや兎の代金として六マルクではなく八マルクを受けとり、蜂蜜を一・二〇マルクではなく一・三五マルクで販売する。要するに、自分は買うものにより高い代価を支払う必要なしに、すべてのものをより高く売ることができるのである。――それゆえ、第三級の自由地農民の労働収益は増加するが、他方で同時に、賃金労働者は自らの労働収入の減少を歎かざるを得なくなる。それにより、第三級自由地農民の労働収益は二重の意味で――一方では騰貴させられた価格自体のせいで、他方では消えていく賃金との比較において――増加することになる。だがその際にはまた、第三級の自由地農民の労働収益が全般的な労働賃金の水準にとっての基準になるのである！　というのも、不均衡は長く存続することはできないからである。兎が八マルク、蜂蜜が一・三五マルク、ジャガイモが五マルク、山羊の乳が二〇プフェニッヒで売られたという噂が広まるやいなや、賃金労働者も新たな賃金引き上げ要求をする勇気を与えられる。彼らも第三級自由地農民の増加した労働収益を引き合いに出して、賃金引き上げを要求し、その際には、もし自分たちの要求が通らないなら原野、湿原、荒地に移る、と言って脅すことになる。

それゆえ、賃金引き上げは第一級および第二級の自由地にのみ起因するものではなく、第三級自由地にも起因し、関税の完全な補償がなされてはじめて止むのである。

さらには、関税によって引き起こされたあらゆる農業生産物の異常な価格上昇と、同時に増加した地代が、集約的耕作の領域での新たな努力を鼓舞するにちがいないこと、そしてもし関税が集約的耕作の労働収益を増加させるなら、それはさらに賃金に反作用を及ぼし、そのことをとおしてさらに地代にも反作用を及ぼすことにも、注意が払われるべきである。

保護関税の均衡化する反作用をこの側面からも理解することができるように、計算例を用いてみたい。関税の導入以前は、一〇〇モルゲンの土地の借地料は二〇〇〇マルクで、土地生産物の価格は一ツェントナーあたり五〇マルクであったとする。一〇〇モルゲンの収穫量は、粗放的耕作の場合は三〇〇ツェントナー、集約的耕作の場合はその倍、つまり六〇〇ツェントナー×五〇＝三〇〇〇〇マルクに達するとする。

関税によって、収穫物の価格は五〇から七〇に上昇し、粗放的耕作の三〇〇ツェントナーにとっては一五〇〇〇から二一〇〇〇に上昇することになる。その差額（六〇〇〇）はすべて地代に変わり（それゆえまだ、均衡化する諸力はまったく目につかない）、それとともに一〇〇モルゲンにたいして二〇〇〇ではなくいまや八〇〇〇の地代が要求される（二〇〇〇＋六〇〇〇）、と仮定しよう。するとﾞ、集約的耕作にとっては以下のような結果となる。彼らは依然として六〇〇〇ツェントナー収穫し、それを関税のおかげで（五〇ではなく）七〇、つまり四二〇〇〇で販売する。そこから、いまや二〇〇〇ではなく八〇〇〇の借地料が差し引かれる。それにより、三〇〇〇〇ではなく、四二〇〇〇―八〇〇〇＝三四〇〇〇が残ることになる。

したがって、関税の作用として集約的耕作の労働販売額が増加させられ、関税はさしあたり工業製品にはいかなる作用も及ぼし得ないので、集約的耕作の労働収益も関税のおかげで増加する。だが、集約的耕作の労働収益が増加すると、賃金も上昇せざるを得ない――なぜなら、集約的耕作の労働収益が賃金の基準になるからである。

したがって、われわれがここで検討した範囲で判断するなら、地代・保護関税は自由地農民の労働収益にたいするその直接的影響ゆえに、遅かれ早かれ再び自ずから解消してしまうので、一時的保護が問題とされているにすぎない、と概ね推論できる。

関税の利益を享受している者にとっては、それが束の間のものでしかないことが心配の種になるとしても、関税負担を「一時的に」負わねばならない者にとっては、それは慰めとなるかもしれない。しかし、購入や遺産分割に際して地所を手に入れようとしている近視眼的な農民をそそのかして、一時的な地代上昇を永続的なものと思わせるなら、とんでもないことになる。地代理論や賃金理論について、農民がいったい何を知っているというのだろうか。農民はすべてを経験から学ぶ。農民は収穫物を目にして、生産物の価格を知り、今日労働者にどのくらいの賃金が支払われているかも知るが、それで彼の計算はおしまいである。購入は考慮に入っていない。通例となっている額が現金で支払われ、残りは土地の抵当貸しになる。しかし、このような抵当設定は決して「一時的な」現象ではなく、賃金にたいする関税の反作用は確実に長く残り、労働者が生産物の販売価格が変わらないことを顧慮せずに新たな賃上げを農民に迫る際にも、それは揺らがない。そうなると、農民は再び「農業の苦境」を嘆き悲しむことになる。

原註

（1）各国の正確な金額は、輸入の国内生産にたいする比率から判明する。

（2）賃金引き上げの結果としての地代の減少は間違いなく生じるが、必ずしも数字に現われるわけではない。というのも、それに典型的な成り行きと平行して、たとえば一八九〇～一九一六年に土地所有者が地代で失ったものが彼らに補償されたように、金の発見や紙幣によって引き起こされた相次ぐ通貨の水増しが行なわれることもあり得るからである。ただしこのことは、債務を負った土地所有者にのみ当てはまることである。彼らはむろん、逆の可能性（一八七三～一八九〇年のような、物価の下落）も考慮に入れておかねばならない。

第十三章　最高給にいたるまでの全賃金等級にとっての起点は自由地農民の労働収益である

地代生活者が自らの土地から一〇〇〇マルクの地代を手に入れることができるならば、その代わりに賃金労働者の手を借りて自分で経営しようとする場合には、それ以下の金額ではきっと満足しないだろう。この自らの手による経営が賃金支出を差し引いて最低でも一〇〇〇マルクもたらさないなら、土地所有者は土地を一〇〇〇マルクで賃貸しするために労働者を解雇するだろう。

したがって、賃金労働者にとってはどんなことがあっても、労働が借地人や無主地の入植者よりも多くの金額をもたらすことはないし、ましてや借地人（もしくは入植者）がさもなければむしろ日雇い労務者として働きたがる以上、そんなことは起こらない。

だが他方で、賃金労働者も借地人や入植者として得ることができる金額以下の賃金や収益では働かないだろう。なぜなら、もしそれ以下なら彼は借地するか移住するだろうからである。なるほど彼にはしばしば経営や移住のための自己資金が欠けているが、自己資金であれ借入金であれ、彼はどんな場合にもこのお金のために四、五％の利子を計上し、その利子を自らの労働の産物から注意深く差し引かなければならない。つまり、もっぱら資本利子を支払ったのちに入植者の手に残るものだけが、労働者として彼が所有するものとなるのである。

第一級、第二級、第三級の自由地の入植者の労働粗収益が一〇〇〇マルクで、経営資本の利子が二〇〇マルクならば、純収益は八〇〇マルクになり、この点を中心として全般的な賃金率は変動する。日雇い労務者の賃金はそれ以上は上がらない。さもなければ入植者は日雇い労務者になるだろう。また、賃金はそれ以下にも下がらない。さもなければ、逆の動きが生じるだろう。

そして、工業労働者の賃金がこの全般的な賃金率に支配されていることは、明白である。というのも、工業の労働収益が無主地の労働収益より大きくなるなら、農業労働者は工業に職替えするだろうし、農業の生産物は不足し、その価格が上昇するのにたいし、工業製品は過剰供給され、価格が下落するだろうからである。一方の価格上昇と他方の価格下落は、均衡がなりたつまでは、結果として賃金変動にいきつく。そしてそのような均衡は、多数の季節労働者のもとで――彼らにとっては、甜菜を栽培しようが石炭を掘ろうが変わりはない――すぐさま生じざるを得ないだろう。

したがって、自由地の労働者の労働収益が農業労働者の労働収益を規定するなら、労働賃金も概して自由地の労働収益によって規定されることには、議論の余地はない。

それを越えて、賃金が上昇することはあり得ない。なぜなら、自由地は農業労働者や借地人が地主との賃金交渉や借地料交渉に際して有する唯一の支えだからである。この支えが（たとえば移住の自由の廃止によって）取り上げられるなら、彼らは無条件に降伏せざるを得ない。しかし、自由地が唯一の支えであるがゆえに、他の諸事情が賃金率を自由地の労働収益以下に押し下げることもあり得ない。

それゆえ、自由地における労働収益は、全般的労賃の最大限であると同時に最低限でもある。

その点で、現存している労働収益における大きな格差は、決してこの一般法則に矛盾するものではない。いったん地代生活者と労働者の間で労働収益の分配のけりがつけられれば、労働者の手許に残るものは、完全に自然的で、あらゆる恣意を離れた、確固とした基盤に基づいたものになる。そうなれば、賃金支払に格差が生じたとしても、そこにはいかなる恣意も入り込む余地はなくなる。それは例外なく、競争の法則、すなわち需要と供給にしたがうものとなる。労働が困難で不快なものであればあるほど、賃金は高くなる。人間に二つの仕事のうちより困難で不快な方を選ぶ気を起こさせるには、どうすればよいだろうか。より高い労働収益による以外にない（しかしそれは、必ずしも現金である必要はなく、他の利益や特権であってもよい）。したがって、労働者が教師、牧師、山林監督官を必要とするが見つからない場合には、有り金をはたいて、自分の労働収益をしばしば大幅に上回る賃金を得ることを、こうした責任ある役職についている人々に許容する以外に道はない。いずれにせよそうすることによってのみ、労働者は誰かしらに、自分の息子たちにそうした職業につく準備をさせ、そのための費用を負担する気を起こさせることができる。その際、教師等の供給がまだ足りないならば、彼らはさらにもう一度その賃金を上げることになる。その目標を越え、教師の供給が需要を上回ったなら、彼らは再び賃金を引き下げる。そして、特別な専門養成教育を要する職業は、なべてそうしたものである。労働者が羊飼い、鵞鳥の飼育係、畑の番人を必要とする場合には、逆の結果となる。彼らがこうした楽な仕事に自らのつらい労働で手に入れた労働収益をつぎこむ気があるなら、市民、教師、聖職者、農民はこぞってこうした仕事につこうとするだろう。それゆえ、鵞鳥番の最低賃金が決められ、誰かがこの仕事を志願するまでは、この最低賃金は上昇することになる。労働者は彼らの生産物を買ってくれ、消費するものを売ってくれる、商人も必要としている。彼らはこの労働者（商人）にも商業利潤のかたちで、誰か適切な人間にこの気苦労の多い職業に専心する気を起こさせるだけの賃金を得ることを、容認しなければならない。

したがって、あらゆる労働賃金をさまざまに形成するための起点は、つねに自由地の労働収益である。自由地の労働収益こそが、最高の賃金を得る職業にいたるまでの労働収益を形成するにあたり、精細な差異からなる構造全体がそのうえに築かれる基盤となるのである。この基盤のいかなる揺らぎも、地震が教会の塔の上の風見鶏まで伝わるように、あらゆる細部にまで波及する。

たしかに、これだけではまだ、なぜ「賃金鉄則」の学説が正しいものではあり得ないかの説明としては不完全である。なぜなら、このような賃金法則では、土地所有によって遂行されることのできない役割が、ひょっとすると資本によっても最後まで果たされることはあり得ないかもしれないことが、まだ示されていないからである。しかしながら、資本もこの力を有していないことは、頻繁に起こる賃金変動[1]が証明している。なぜ資本がこの力をもたないかは、のちほど（資本・利子理論の項で）示すことになる。もし資本が自由地の労働者の労働収益を「賃金鉄則」の本質をなす最低賃金まで引き下げる力をもっているなら、利率において表現される資本収益は、自由地における労働の産物が示す変動の影響を被らざるを得ないだろう。だが、そういう事実はない。というのも、のちほど（利子理論の項で）示すように、ここで問題となっている純粋な利子（同項参照）は、異例なほど不動の大きさを有し、その不動の大きさは、資本の確固たる利得という言葉を十分用いることができるほど際立ったものだからである。したがって、もし資本利子の確固たる大きさと並んで、さらに賃金も確固たる大きさを有するなら、地代が我が道を行く場合、労働生産物の収益格差をとりだすための集散地はどこにあるのだろうか。

原註

（1）実際の「確固たる」賃金は変動しない。

第十四章　資本利子の賃金と地代にたいする影響

自由地の入植者は、決算の際に、自らの運営資本の利子を計上しなければならない。しかも、その資本が自分の所有物であるか資本家から借り入れたものかを顧慮せずにである。彼は利子を、自らの労働の収益から切り離さなければならない――利子は労働とはいっさい関係がなく、まったく別の法則に従っている。

しかし、資本利子の労働収益や地代からの分離は――われわれが以前の章で双方についての計算を行なったように――土地を所有する農業経営者もとりくまなければならないことである。

ところで、自由地の入植者と同様に借地農民も必要とされる資本に同じ利子率で支払いをしなければならないとしたら、地代は利率とは何の関係もないと想定することができよう。だが、それは思い違いである。労働とそれに伴うものによって随意に、多くの新たな農地が、しかもしばしば都市からごく近いところに生み出される。そして、利子率が低ければ低いほど、不毛の地を耕作可能にすることが容易になる。事業家は耕作可能となった土地に、せめて同額の資本支出によって購入された農地が地代として生みだす額と同じ額の利子を求める。第一級および第二級の自由地において運送費支出が労働収益の最大部分を占めるとするなら、荒地の開墾においては、その土地の予想される地代が利子額になることが求められる。たとえば近いうちに完了するゾイデル海の干拓、湿原の排水、原生林の開墾、砂漠の灌漑、岩塊の開削や爆破が問題となる場合には、まっさきにその資本支出にはどれくらいの利子が必要となるかが問われ、その後にその額を同じ土地に借地料として払わなければならない額と比較するだろう。つまり、利子率の方が高ければ比較は不利な結果になり、湿原は手つかずのまま放置される。それにたいして、利子率の方が低くなるなら、事業は黒字をもたらすことになる。いまや利子率が四％から一％に落ちるなら、今は着手できないでいる多くの土地改良が即座に採算の採れるものになるだろう。一％になれば、ナイル川の水をアラビアに引水したり、バルト海を塞き止めてポンプで水を汲みだしたり、リューネブルク荒野をカカオや胡椒の栽培地に仕立て上げたりする仕事も、やりがいのあるものになるだろう。今はそうすることができない。なぜならそのためには、将来の収穫を見込んで、決して少なくない投下資本に五～一〇年間にわたって五％の利子を計上しなければならないだろうからである。要するに、利子が一％になれば、あらゆる荒地、大水面を手入れの行き届いた土地に変えても、儲けが出ることだろう。（このような個々の例は、もちろん文字通り解されてはならない。）

しかし、利子率の下落は耕地面積を拡げるだけでなく、大がかりな機械の使用、道路建設、生け垣の塀への転換、乾燥した牧草地に給水するためのポンプ場、土地の深耕、果樹園、霜害防止施設の設置、その他の何千もの土地改良手段によって、既存の耕地面積から二倍、三倍の収益を得ることも可能にするだろう。他方でまた、そのために、それに応じて生じる耕地面積の減少が不可避になり、地代にとってきわめて危険な自由地が射程圏内に入ってくることになるだろう。

利子の下落はまた、外国からの小麦の輸送に必要な施設（港、運河、航海船、鉄道、穀物貯蔵庫）をそれに応じた低い使用料で利用できるようにし、その際には、自由地の生産物のための運送費率も再び引き下げることになるだろう。そして、そこで節約されたマルクはすべて、地代に同じ大きさの穴を穿《うが》つことになる。しかし、輸送手段に投資された貨幣の利子は、運送費のかなり大きな部分をなす。平均利子率が三・八％であるヨーロッパの鉄道の場合、一八八八年の本来の運送費負担（鉄道、役人、石炭などの維持運営費）の利子にたいする比率は、一三五対一一五であった。したがって、利子（一一五）はほとんど経営原価（一三五）に迫る額である。そのため、利子率が四％から三％に下落する場合には、運送費もほぼ八分の一下落することになろう。

経営原価＝四	資本利子＝四	運送費率＝八
〃　四	〃　三	〃　七
〃　四	〃　二	〃　六
〃　四	〃　一	〃　五
〃　四	〃　〇	〃　四

すなわち、利子が〇になれば、鉄道運送費は半額に引き下げることができる。海上輸送の場合は、経営原価の資本利子にたいする比率は同じではない。しかし、その場合でも、資本利子が同様に重要な役割を演じている。船舶、経営資本、港湾設備、運河（パナマ、スエズ）、石炭補給路、鉱山施設等はすべて、規則通りの利子を要求し、この利子は運送費に負担をかけ、賃金と地代にとって決定的な重要性をもつ第一級および第二級の自由地農民の労働収益にとっても負担となる。

したがって、利子の下落もしくは完全な撤廃は運送費を半額に引き下げ、それによって再び自由地との境界は経済的に五〇％も近くに引き寄せられ、外国の穀物との競争もそれに応じて激化する。

しかしながら、このようにして耕作面積がすぐ近くで需要の何倍にもなるなら、つまり賃金を規定する自由地が、しかも自由地農民の労働生産物とその労働収益の間の緊張が節約された運送費のためにいっそう緩和されるごく近隣の地域で、随意に増やされ得るなら、地代はどこに存続し得るだろうか。今日のゾイデル海のところで穀物を買うことができるなら、なぜわざわざカナダのマニトバに移り、そこから高い運送費をかけてオランダに穀物を輸送するのだろうか。利子率が三、二、一、〇%に下がるなら、あらゆる国が住民すべてにパンを供給できる。集約的耕作にとっての境界は利子だけである。利子が下がれば下がるほど、土地は集約的に耕作できるようになるのである。

ここには、利子と地代の間に存在する密接な関連が見いだせる。耕作可能な荒地、水面、砂漠が存在するかぎり、そもそも土地が開発によって改良され得るかぎり、高い利子は資本家の目的であるのみならず、地代生活者の防壁でもある。利子が大幅に下落するなら、地代はたしかに完全に消滅することはないとしても、能うかぎりのひどい打撃を受けることになるだろう。[1]

原註

（1）建設用地の地代の場合は、利子の下落は正反対の方向に作用する。建設資本の利子は地代よりも賃借人にたいしてははるかに過重な負担となるので（地方か小都市では、地代に割り当てられる家賃の構成部分はしばしば五%に達しない一方で、そこでの資本利子には家賃の九〇%を要する）、資本利子の一%か〇%への下落は家賃の大幅な引き下げを意味し、それは当然、個々の家族の住宅需要にきわめて強い反作用を及ぼすだろう。今日利子のせいで高どまりしている家賃のためにまったく不十分な空間でなんとかやり繰りしている国民大衆は、もっと大きな住居を要求し、その家賃の支払いもできるようになる。しかし、より大きな住居はより大きな建設用地を必要とする——そして、それは地代も押し上げる。他方、利子率の下落は都市鉄道の乗車料金を引き下げるので、都市の地代の上昇とあいまって、交通は郊外への移住を促すことになる。

十五章　ここまでの考察の成果についての概観

（1）平均的労働者の労賃は平均的自由地農民の労働収益に等しく、徹頭徹尾それに従う。自由地農民の労働収益における変動はすべて、労賃に波及する。その場合、その変動が経営上の改善によって引き起こされたものであるか科学的発見、法律によって引き起こされたものであるかは、関係がない。

（2）いわゆる賃金鉄則は、これからのちは慣用句以上のものにはなり得ない。個々の場合においては、賃金は（1）で言及された中心点をめぐって変動する。賃金は各人の能力次第でこの中心点を越えて上昇することもあるが、中心点以下に留まったり、最低限の生計費以下に下落することもしばしば起こり得る。

（3）最高賃金にいたるまでのいわゆる第一級の仕事にとっての全賃金等級の起点となるのは、自由地農民の労働収益である。

（4）地代は、土地の生産物から賃金（および資本利子）を差し　引いたのちに残るものである。

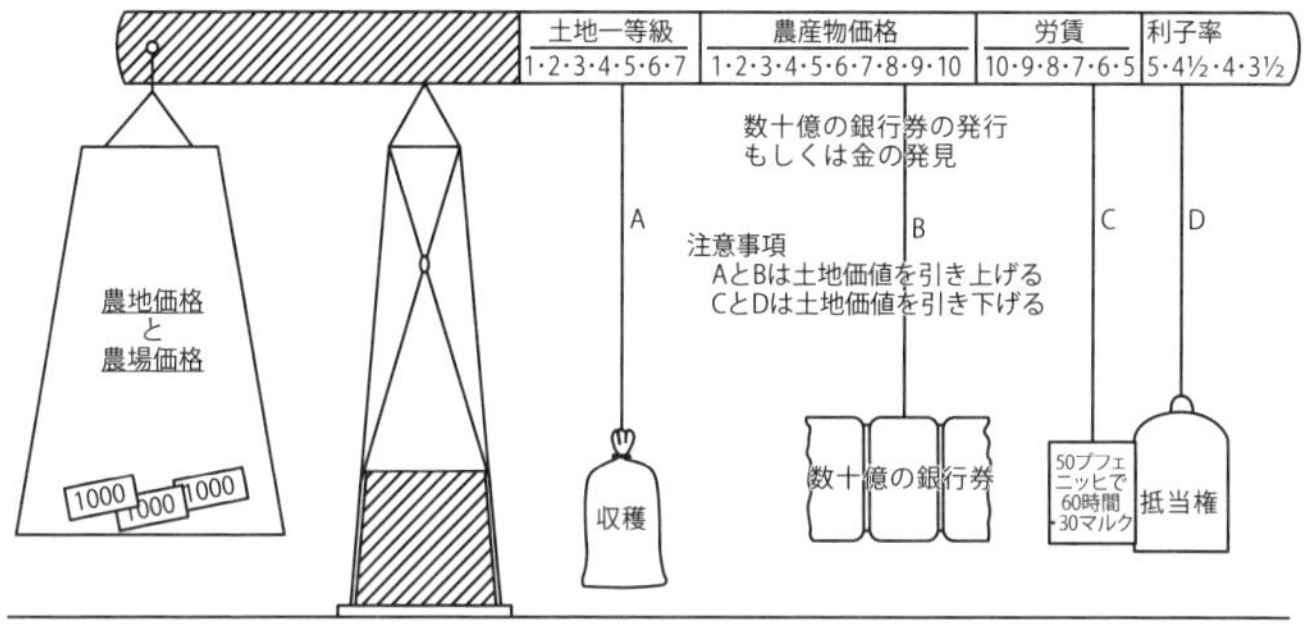

この差引額（賃金）の大きさは、自由地の労働収益によって規定されるので、地代の規定にも自由地農民の労働収益が関わってくる。

（5）資本利子が地代を支える。

（6）技術の進歩がすべて地代のためになるとは、まったく主張できない。しばしば反対のことが生じる。進歩と貧困は、条件付きでのみ結びつけられる。進歩と全般的な富の増大も、負けず劣らず手を携えて進む。

（7）土地税が転嫁可能であるかないかも、まったく述べることはできない。この問いにたいしては、いかなる場合でも土地税の税収で何が行なわれるかが述べられてはじめて、余すところなく答えることができる。土地税は地代にとって二重の打撃になることもあり得るし（税と賃金上昇）、しばしばそれ自体の額以上に有利に働くこともあり得る。

（8）土地税の税収が、たとえば穀物輸入奨励金の支払いのためや、荒地の開墾等の助成金として、自由地農民の福祉のために使われるなら、人々が望む場合には、このような手段で地代をもれなく徴収することもできる。そのように利用されるなら、地代税は転嫁不能となる。

第十六章　原材料供給地と建設用地の地代、および賃金の一般法則にたいするその関係

小麦がカナダからやってくるのか、はたまたアルゼンチン、シベリア、隣人の畑からやってくるのか、あるいはそれが苦しんでいるドイツ人移民の関税を徴収された小麦なのか、でっぷりと太ったポンメルンの農場主の関税に護られた小麦なのか、を製粉業者ははたして気にかけるだろうか。品質が同じなら、価格も同じである。

その他のあらゆる物にかんしても、事情は変わらない。誰も商品の生産費のことなど尋ねないし、買い手に気に入られようとして近寄ってくる商品がどこから来たのかに関心をもつ者などいない。それによって一方の生産者が裕福になり他方が破産しようとも、品質が同じなら価格も同じである。硬貨の場合に、それは最も明確になる。個々の硬貨の素材となっている金がどこで、どうやって、いつ採掘、精製されたかに、いったい誰が関心をもつだろうか。一方には撲殺され略奪された敵の血が付着し、他方には鉱石の探鉱者の汗が付着していようとも、そんなことにはお構いなく、すべての金が無差別に流通する。

個々の競合する商品にかかる費用がどれほど異なっていようとも、価格は常に同じである。その

ことを原材料を必要とする者は誰でも知っており、原材料を発見、採掘できる土地の所有者も知っている。

それゆえ、たとえば都市が新たな道路のために敷石を必要としているなら、最も近いところにある採石場の所有者は、その新たな道路から自由に採掘できる同じ石の発見地までの距離を即座に計算する。次いで彼は、そこから消費地までの運送費を計算して、価格を決定する。そして、都市はこの価格を支払わなければならないだろう。なぜなら、実際に価格を決定する競争は、この価格があってはじめて生じるからである（採石場の労賃は、双方の採石場とも同一と見なされるので、ここでは触れなくてもよい）。

だが、競争がまったく存在しない場合、つまり到達可能な距離に自由に採掘できる発見地が存在せず、その結果、採石場の所有者が敷石に法外な価格を要求する場合には、代用品——この場合には、木煉瓦舗装、マカダム道、砂利、アスファルト、鉄道等——が穴埋めすることになるか、道路の建設が断念されることになる。

したがって、後者の場合には、都市が新たな道路の建設に期待する利益が、採石場の所有者の最初で最後の競争相手となることだろう。

そして、ここで敷石について見られた状況は、他のあらゆる原材料についても例外なく見られる。事業家がセメント工場のための粘土、煉瓦製造工場のためのローム、製革工場のための槲《かしわ》皮、石炭、鉄鉱石、木材、水、建設用石材、石灰、砂、石油、ミネラルウォーター、風車のための風、療養所のための日光、夏の別荘のための日陰、葡萄の木のための暖かさ、スケートリンクのための寒さを必要とするなら、これらにかんして有利な立場にある土地所有者は、前述の敷石の所有者と同様に、しかも常にまったく同じ原則に則って、支払を強要するだろう。

個々の場合には常に状況が変わる可能性があるし、代替材との競争があるところでは土地所有者の利欲はよそよりも制約を加えられるかもしれないが、結局は常にいたるところで同じ法則が顔を出し、それにしたがって土地所有者は生産物、立地、所有物の特性が提供するあらゆる利益を大いに活用するので、買い手は自らの労働とひきかえに、素材を砂漠、荒地、自由地から運んでこなければならない場合と同程度の報酬しか見込めない。

この考察から、賃金の一般法則にとってきわめて重要な、以下の命題が導き出される。

最も質が劣り、最も遠方にあるゆえに、しばしば無主地でもある原材料の発見地の生産物には、あらゆる運送費と他の発見地が支払わねばならないのと同額の賃金がかかるので、それはこの素材の価格形成にとっての決定要因となる。有利な立場にある発見地の所有者が採掘費用にかんして節減できるものが、地代である。

消費者は常に、地球上のあらゆる生産物、あらゆる原材料にたいして、それらが荒地で多大な費用をかけて生産され、無主地から運んでこられる場合と同額の支払をしなければならない。

最も質の悪い土地の生産物が人間が生きていくのに最低限必要とするものと合致するなら、私的土地所有とともに、「賃金鉄則」の支配のためのあらゆる前提が満たされることになるだろう。だが、すでに述べたように、そうした事実はない。だからこそ、まただからといって、賃金はこの最低限のレベルから懸け離れたものになり得るのである。

たとえ別の事情によって規定されていたとしても、まさに同じ原則に従って、都市の地代――その額は、近代の工業国においては、農村の地代にほぼ匹敵する――は形成される。

そのようにして、たとえばベルリンの建設用地は一九〇一年に二九億一一〇〇万と見積もられた(Deutsche Volksstimme 誌、一九〇四年一二月号)。その四%に相当するのが一億一六〇〇万の地代である。この総額は、ブランデンブルク地方の四〇〇万ヘクタールで割るならば、それだけでもう一ヘクタールあたり約三〇マルクの地代になる。さらにその地方の他の都市の地代を加算するなら、地代はひょっとすると一ヘクタールあたり四〇マルク、つまり、その土地の地味の悪さ、その地方の大きな水面、湿地、森林地帯からすると農村地代の資力をおそらくすでに越えている額に達するかもしれない。むろん、一方では痩せた土地を、他方では帝国の首都を有しているブランデンブルク地方は特別な位置を占めているけれども、この数字は都市の地代が今日いかなる意義をもってしまっているかを如実に示している。

この数字はきっと多くの者を驚かすだろうが、誰かがまったく正しく認識していたように、利子収入にしたがって測られる大土地所有がまだシュレージエンには見いだされベルリンにはもう見いだされないのかどうかは、今日でははっきりしない。

この特有の現象はどうすれば説明がつくのか。建設用地の地代額は何によって決定されるのか。これは賃金の一般法則とどう関係するのか。

ここでまず第一に答えるべきなのは、高い地代にもかかわらず何が人間を都市に集中したい気にさせるのか、なぜ人間は地方に分散しないのか、という問いである。前述の内容にしたがって計算すると、ベルリンの住民の地代は一人あたり五八マルク、したがって平均的な五人家族の場合は年に二九〇マルクに達するが、それは農村ではほぼ不要な出費である。なぜなら、農村における住居用と目される地代は、家族の肥料素材のみで十分賄われるからである。しかも、田舎暮らしの健康上の利点と高い家賃にもかかわらずお粗末な都市の居住環境を、まったく除いて考えてもである。したがって、都市に利点を与える重要な理由が存在しなければならない。

われわれが都市の社会的利点がその不利益（汚染された空気、塵埃《じんあい》、騒音、その他のたえまない不快感）によって相殺され、贖《あがな》われていると見なすなら、ベルリンの家族の超過支出分を償うためには、もはや都市と結びついた経済的利点しか残されていない。個々の産業の密接な関連、一部の産業が他の産業に保証する相互扶助は、農村でばらばらに生業を営んでいる人々に比べて、一億一六〇〇万の地代を埋め合わせるだけの利点を示さなければならない。もしそれがないなら、都市が被ってきた膨張は説明がつかないままとなるだろう。

地方では、特に忙しい時間（時季）に仕事をするために、今日はたくさんの労働者を雇うが明日にはほとんどもしくはまったく雇わないような職業は発展できない。なぜなら、労働者は一年をとおして働かねばならないからである。都市では、個々の職業の変動する労働者需要は多かれ少なかれ相殺されるので、一方の企業が労働者を解雇すれば、他方の企業が再び雇うことになる。そのことにより、都市の労働者は地方よりも、失業にたいする大きな保証を得ているのである。

地方の事業家には、他の生業を営む人々との交流に必然的にともなう意見の交換や刺激が欠けている。だから、さまざまな企業においてこのうえなく多様な作業手順を学ぶ術をもち、その利点を活用する労働者自身も、事業家にその地方の競争者にたいする多大な優位性を与える。完全に自分の力だけに頼らざるを得ないその競争者と労働者は、他の企業や他の地方からきた他の労働者との交流もなくやっていかなければならないので、ともすれば時代がかったしきたりを身につけることに固執することになりかねない。また彼らは困ったことに、都市が事業家に彼らとは比較にならないほどたくさん提供する販売機会をあまりにもしばしば奪われている。なぜなら、買い手は帝国中、世界中から集まってきて、比較的限られた空間のなかで必要とするものをすべて見つけるからである。都市の事業家は、あらゆる国からやってくる買い手の訪問を受ける。買い手は事業家の注意を消費者の願望に向けさせ、事業家に市況、価格等にかんする貴重な情報をもたらす。地方の競争者は、これらすべてを欠いたままやっていかなければならない。彼らは顧客を訪問するために、自分の方が旅に出て、時間とお金を捧げなければならない。彼らは信頼性に難のある回り道をとおって、原材料の価格相場、外国の市況、顧客の支払い能力等にかんする調査を行なうはめになる。

さらに、彼らは自分が加工するあらゆる素材を、需要に応じてすべて購入することのできる都市の競争者よりもはるかに多く仕入れなければならず、もし地方居住者が不注意からひとつの素材でも、時にはネジ一本でも切らすようなことがあれば、都市からその切らした素材が届くまで、会社全体が操業停止することにもなりかねない。何かの機械が故障したなら、再び「都市」から工具をもってきてくれるように誰かが呼び寄せられ、それが着くまでは、再び会社の操業は停止する。

要するに、企業、労働者階級、原材料の購入、完成した商品の販売において多大な不利益を被るので、それでも都市と競争しなければならない地方の事業家が、都市と同じ賃金を支払うことは不可能である。その結果、地方の事業家と労働者は、地代で節約した分をまたもや労働収益から差し引かれることになる。

かくしてわれわれは、地方にはやはり、広大な空間を必要とするためにすでに述べた不利益が地代節約によって埋め合わされるような産業、その本性上そもそも都市では営んではいけない産業（製材所、煉瓦製造工場、圧延機工場）、健康上の理由で都市では警察に禁じられている産業（石灰窯、火薬工場、製革工場等）、その経営が容易なので商業上の管理部を都市に移した所有者が現地にいる必要のない産業しか発展しないのを、目の当たりにする。そういう産業でなければ、一般に都市が有利である。

それゆえ、ベルリン市の一億一六〇〇万の地代を支払う資金がどこから来るのかをわれわれは知っているし、都市の発展の限界がどこにあるかも知っている。社会労働の利点がここで貨幣に換算され、地代生活者によって自らのために徴収されてきた。

都市が発展すると、経済的利益も増大するし、地代も増大する。地代が都市の利益と不釣り合いに増大するなら、都市の発展は妨げられる。

「都市がお前の産業に提供する利益を享受したいなら、この利益分を地代生活者に支払え。そうではなく、この費用を節約したいのであれば、お前の仕事場、店、酒場を町から離れた森や野原に建ててもいいんだぞ。お前にとってどっちが得かもう一度計算し直してみて、それに従って行動しろ。お前が町の外で開業することを、誰も妨げはしない。お前の顧客がそんな辺鄙なところで都市の中心部と同じ価格を支払うために、雪、埃、ぬかるみ、雨のなかをはるばるお前の所にやって来ることがあり得るなら、お前にとってはいっそう結構なことだろう。それがあり得そうもないと思うなら、地代を払って都市に住みつくことだ。だが、他のやり方を試してみてもいい。つまり、お前の商品を辺鄙な場所でもっと安く売ってみるのだ。そうすれば、依然としてわずかばかりの人々が安い価格を求めてお前の所にやって来るだろうが、お前が地代を節約して得た利益を安い価格のせいで使い果たしてしまうなら、利益はいったいどこに残るのだ」

それゆえ、常に同じ法則が働く。まさに農業や原材料の地代と同じ法則が。都市（そこではなお分業に言及せねばならない）と社会的労働のあらゆる利益は、土地所有によって巻き上げられる。ドイツ産の小麦があたかもシベリアで育てられ国境で関税を課されたかのような価格で販売されるように、都市で生産された財も、地方のいたるところで生産する際に被るあらゆる不利益が貨幣に換算され、上乗せされた価格で交換されねばならない。

農村の地代はあらかじめ立地と自然のあらゆる利点を我が物にし、耕作者には荒地しか残さない。都市の地代は社会、共同作業、洗練された生活様式、国家が生む利益を渡すように要求し、都市工業と商業の収益力を地方の孤立した産業の水準まで引き下げるのである。

第十七章　賃金法則の最初の概要

生産物から地代と資本利子を差し引いたのちに残るものが、あらゆる労働者（日雇い労務者、聖職者、商人、医者、使用人、王、職人、芸術家等々）の間で分配しなければならない賃金の原資となる。この分配は、個人的能力に応じた自由な職業選択のもとでは、需要と供給によって行なわれる。職業選択が完全に自由なら（そんなものは存在せず、その可能性があるだけだが）、分配において事実上、各人が「最大」の分け前を手に入れることになろう。というのも、どっちみち各人は最大の分け前をうまく手に入れようとし、その分け前の大きさは「需要と供給」、したがって最終的には職業選択が決定するからである。

したがって、賃金の相対的な大きさは、職業選択、人物にかかっている。それにたいして、賃金の実際上の大きさはそれにはかかっておらず、賃金原資の大きさによって決定される。個々の労働者の賃金原資への貢献度が大きくなればなるほど、各人の取り分も結果として大きなものになる。その際、労働者の数は関係ない。なぜなら、たしかに人数とともに賃金原資の実際上の大きさは増大するが、同時に取り分を求める者の数も増えるからである。

さて、今日個々の職種の労働者の賃金原資にたいする貢献度がどれほどのものかを、われわれは知っている。

（1）農民の貢献度は、同じ数の農民が荒地を耕し、シベリアの自由地から市場に運んでくることのできる生産物の総量に等しい。――ただし、われわれがここで直接生産物に換算されたものと考える必要のある運送費、利子、関税を除く。

（2）その他の原材料生産者の貢献度は、最も質が悪く、辺鄙で、それゆえ無主地の発見地から市場に運んでくることのできる生産物の総量に等しい。――ただし、利子は除く。

（3）工業労働者、商人、医者、芸術家等の貢献度は、都市の社会的経営の利点なしに、孤立し分散した経営で生み出される生産物の総量に等しい。――ただし、利子は除く。

われわれがこれらすべての生産物を集めて、今日の賃金等級にしたがって分配するなら、各人はまさに今日実際に自らの賃金額で市場や店の商品のかたちで手に入れることができるものを得ることになる。

この額と実際の総労働生産額の差額全体が、地代と資本利子になる。

ところで、賃金の原資を増やすために、物価上昇によっても水泡に帰すことのない実質的な賃金上昇、全面的な賃金上昇を達成するために、労働者（常に最も広い意味で解されるべきである）にできることは何だろうか。

その答えは簡単である。彼らはいままで以上に賃金原資の水漏れを防ぎ、寄食者から護ればよいのである。労働者は蜜蜂やハムスターが彼らのものを護るように、自らの賃金原資を護ればよいのである。地代や資本利子にいっさい差し引かれることなく、全労働生産物が賃金原資に配分され、実際に生産する者たちの間で残りなく分配されるようになるべきである。どうすればそんなことが起こり得るかを、自由地 - 自由貨幣理論は述べているのである。

第二部　自由地

天は主のもの、地は人への賜物　（訳註 詩篇一一五章一六節、新共同訳）
Caelum Coeli Domino terram autem dedit filiis hominum.

序　章　自由地、平和の揺るぎない要求（一九一七年七月五日にチューリッヒでおこなわれた講演）

人間が人間になるために
人間は善なる大地
母なる大地と
敬虔な心で永遠の絆を結ぶ　シラー

国内平和と国際平和は、同じ精神に由来し、同じ起源を有する。国内的に健全な諸国家、すなわち真の国内平和を享受している諸国家の間では、戦争にいたることは決してない。だが逆に、その諸国家の内部で階級闘争が荒れ狂っているかぎりは、その諸国家間で真の平和が根付くことは決してない。それゆえ、国際平和を望む者は、それを国内平和の祭壇から呼び出すしかないことを知らねばならない。国内平和は国際平和の出発点である。国内平和に捧げられねばならないものは、当然残りなく国際平和の献金箱に納められることになる。そう、われわれがいったん国内平和に無条件に捧げられねばならないものを捧げ尽くしたならば、われわれはもはや平和のことを気にかけなくてもよい、というのが実態なのである。

分別のある人々は、今回の世界大戦の当初から、これが全般的な内戦へと悪化していき、そこではじめて終結することになるだろう、と予言していた。それは真実かもしれないが、「悪化する」という表現はここでは適切ではない。世界大戦が内戦へと悪化したのではなく、逆に、暴力的手段によってその公然たる発現を妨げられたことから世界大戦に捌け口を求め、そのせいで「悪化した」のは、あらゆる文化国民の内奥で進行している内戦の方であり、それは階級闘争とも呼ばれている。世界大戦は、個々の階級への国民の階層形成やこの諸階級相互の闘争や市民の経済戦争の随伴現象である。

あらゆる文化国家を席巻しつつある市民の戦争状態の原因は、経済的な性格のものである。自然の摂理に反する人間的な諸制度によって合法的に引き起こされる文化諸国民の階級形成は、作用の点で戦争状態と同じ意味をもつ。実際、以前の時代の戦争や奴隷狩りは、われわれが今日、市民的秩序と称して賛美しているのとまさに同じ状態の暴力的な創出、つまり支配階層が生活上のあらゆる困難を押しつけることのできる特殊な労働者階級の創出を目指したものにほかならなかったのである！　こうした金利生活者と運搬用役畜への国民の分割は自然の摂理に反したものであるがゆえに、肉体的にも精神的にも暴力的な手段による以外に維持することは不可能である。しかし、暴力は暴力を招く。それが戦争である。

経済が秩序だっているならば、平和も護られる。精神世界から生まれる対立は、本当に平和を妨げるものとはならない。いわゆる宗教戦争でさえ、冷静に見れば、経済的動機を有していた。なにしろ戦争は生命現象とはいっさい関係がないので、ご多分にもれず人種と言語も戦争の誘因とはならない。戦士は敵と味方として人為的に（制服で）区別できなければならず、裸の大軍同士の戦闘など考えられもしないという事態だけでもう、このことを雄弁に物語っている。

諸国民を別々の階級へと分裂させ、内戦へと駆り立てる経済制度は、あらゆる文化国家で今日にいたるまで終始一貫同じもの、すなわち、すでに古代の国家をこっぱみじんにし、われわれがそこから時機を失せず解放されないかぎりはわれわれの文化にも再び終焉を迎えさせることになる、土地法、鋳造貨幣（ないし兌換紙幣）、太古の制度、社会的分裂菌類、爆弾であった。われわれがこの二つの経済制度を前にして、改革努力、変革をためらうかぎり、内外ともに平和になることはあり得ない。このことから、われわれはフランス革命の「偉大さ」を理解する。議会やいわゆる民主主義が存在するにもかかわらず、当時フランスでは、新たな力とともに階級分裂が始まり、今日もおそらくそれ以上に分裂が推し進められているところはどこにもない。かつては、国民をとことんまで搾取し尽くしたのは教会と国家であった。いまや、金利生活者がその後釜をつとめている。まさに階級分裂の原因である二つの制度は、革命にたいして寛大であった――私的土地所有とそれと分かちがたく結びつけられたプロレタリアートは、真の民主主義とは相容れないものである。むろん王権は、私的土地所有が貫かれた結果生じたものにほかならない。土地所有者は必然的に中央権力を求める。なぜなら、彼らは中央権力によってのみ、反抗する大衆の貪欲な手からの保護を期待できると信じるからである。他方、われわれの慣習的な貨幣も、自らが働く条件として利子を要求し、そうすることで国民経済全体を利子制度に適合させ、同じ方向、つまり国民を解体し、階級を形成し、平和に敵対する方向へ向かわせる。私的土地所有を導入し、貴金属を労働生産物の交換手段の座につかせて以来、決して真の平和は存在しなかったし、われわれがこの太古の野蛮な国家制度に固執するかぎり、これからも平和は――内的にも外的にも――存在しないだろう。戦争こそが、金利生活者と労働者の間で唯一可能なありようなのである。

平和は大きな企てであり、企ての大きさはその手段に相応するものでなければならない。さもなければ、失望しか生まれない。平和は人身御供は要求しないが、「前代未聞の貨幣御供」は要求する！それに加えて、人為的な特権、人々に好まれる偏見、民族主義的な試みや人生観も犠牲にされる。

本当に、もしわれわれが通称平和という大食漢に無条件に捧げられねばならないものをすべて捧げたなら、全世界の大多数の国民が確信をもって「平和よりむしろ戦争を！」と叫ぶ、という事態になるだろう。まさに株式市場の大暴落で財産を失った人々が即座に従容と死を選ぶ事態が、今日も頻繁に生じているようにである。

原始キリスト教徒を唯一の例外として、使命の大きさを実際よりずっと過小評価し、それゆえまったく不十分な装備で目的に到達しようとするのは、あらゆる平和愛好家につきものの誤謬であった。実際、彼らの態度はしばしば、百貨店で平和を買ってくることができるとでも思っているかのように見える。いままで寛大にもわれわれの大食漢に捧げる覚悟ができていたものを、一度じっくり吟味してみるのも、あるいは有益かもしれない。最初に次のような叫び声を上げるのは、菜食主義者と禁酒主義者である。「戦争は、病的な身体状態に起因する病的な精神状態である。つまり、肉食、煙草、アルコール、そしてそれに起因する梅毒の結果である。アルコールを犠牲に捧げよ、さすれば汝らは蛇のごとく賢くなろう。肉食を犠牲に捧げよ、さすれば汝らは小羊のごとく穏やかになろう」

これらの言葉のなかには真なるもの、多くの真なるものが含まれているが、このような些細な犠牲がわれわれに平和をもたらすことはないだろう。諸国民が酒や煙草にむかって堕落していくずっと以前から、戦争は存在していた。それにそのようにしたとしても、人間が菜食主義と禁酒主義、つまりは長期間にわたる淘汰過程によって「より良く」なるまで、待たなければならなくなる（モーセは、四世代後にはじめて父祖の罪を許す)。そしてそうだとすれば、品種改良に向かう人間の本性よりも戦争の引力の方が大きな一歩を踏み出さないかどうか、つまり両者の競争においてこの戦争の力が優位を保たないかどうかについて、確言することはできない。

もうひとつの確信をもって推奨される手段は、出産ストライキである。出産がない＝兵士がいない＝戦争がない。この手段には、なるほど間違いはない。だが、そうして生まれた平和の恩恵に与る者は誰なのだろうか。言うまでもなく、スト破りした者の子供しかいない。その子供のために、他の者は犠牲にならなければならないのである!

兵役拒否も推奨される。この手段も間違いはないが、全員が行なうことが前提となる。われわれが全員英雄ならば、どれほど多くの者がそれを達成できることか。だが、そのような英雄がどこにいるのか。ここ何百年間でも、アーノルド・フォン・ヴィンケルリード(訳註 一三八六年のゼンパッハの戦いで、圧倒的に優勢なオーストラリア軍に戦いを挑んだスイスの伝説の英雄)、ジョルダーノ・ブルーノ、フスのような人物しかいなかった。犠牲心に呼びかける者は自己保存衝動の克服を要求するが、自己保存衝動は幸いにもまだ平和への憧憬より大きな力をもっている。われわれに平和を希求させるのは、まぎれもなくこの自己保存衝動なのである。

また別の提言がなされる。「平和への担保として、各国が一定額の金をどこかに供託すべきである」。ある国民が隣国に宣戦布告するなら、その平和の攪乱者は供託金を没収されるのである! それはなんとすばらしく、なんと簡単で、何よりもなんと安上がりであることか！

さらに別の者が提言する。「爆発物製造の独占権を中立国に与えることだ」。火薬がない＝戦争がない――それは実際、平和を完璧に保障するためのかなり安上がりな方法である。しかしそうしてしまうと、平和の攪乱者がひそかに戦争準備をし、まったく無防備な近隣国に襲いかかるのを、いかに容易にすることだろう。

なんといっても、軍人が最も簡単にこの問題を解決する。軍人は敵を投げ倒し、その胸に足をかけながら、講和を結ぶ気があるかどうか尋ねる。だがそうしても、敵対者を戦争に追いやったものはすべて、そのまま残る。新鮮な不和の林檎（訳註 ギリシア神話に登場する事件。不和と争いを司る女神・エリスが海の女神・テティスとペーレウスの結婚式に招かれなかったことを恨み、宴会の席に「最も美しい女神に」と書かれた黄金の林檎を投げ入れた。ゼウスの妻・ヘーラー、戦いと知恵の女神・アテーナー、愛と美の女神・アプロディーテーが、この林檎を得るために争い、トロイア戦争の発端となった）が古いものにとって変わるだけである。勝利者は満ち足り、打ち負かされた者は報復を胸に秘める。いつの日か彼はいきなり諍《いさか》いを起こし、敵に襲いかかる。それが成功した暁には、役はいれかわり、不和の林檎は再び鮮度を増し、ますます人の心を惑わせるものとなる。そこで結ばれる講和は、常に暫定的な性格しかもたず、新たな戦力の蓄積、優位性の獲得にしか役立たない。その際に顧慮すべきなのは、勝利は勝者を尊大にするが、奢る平家は久しからずで、一方の側が長く永続的に優位性を保つことは決してない、ということである。兵士による平和は、すでにその本性からして、長く維持し得ないものである。

このような力の優位性の上に築かれた平和にたいして、識見をもった政治家は力の均衡から生じる静謐状態たる平和を対置する。「誰も確かな勝利をみこめないほど諸陣営の力が拮抗しているなら、さすがにもはや、敢えてこの平和を乱す気を起こす者は現われないだろう」と政治家は言う。「そして、力の均衡が乱されないかぎり、戦争の天使は身動きがとれなくなる。それは、干し草の山がとり除かれないかぎり、ビュリダンのロバ（訳註 別れ道の双方の先に、同じ距離で同じ量の干し草が置かれると、ロバはどちらにも進めず餓死してしまう、というたとえ話）は身動きがとれなかったのと同様である。

均衡の確認のために政治家が用いるのは、主として測量術である。彼らは力の均衡をもたらせたと信じ込むまでずっと、国境をずたずたにして回る。

しかし、ここで均衡させようとしている諸力は、測量術だけで何とかできるような代物ではない。それどころか、しばしば国家の力は領土の面積に反比例する。もっとも、国防力にかんして領土面積に左右されないものは、確固たる大きさをもたない。人口増加、社会関係、軍事技術、要するに防衛力に決定的な影響を与えるものはすべて、絶えざる流れのようなものである。イギリスの力は潜水艦によっていかに弱体化させられたことか！ それゆえ、たとえ政治家が当初は完全な均衡をうちたてることに成功しても、この平和の保証（！）は前述した他の千もの阻害要因を前にして崩れ去ることになる。すでにして出生率の差だけでも、均衡を乱すには十分である。ある国が他国よりも幼児死亡率を減らす戦いに勝利したなら、均衡も再び帳消しにされる。たとえばエジプトでは、ファラオがアブラハムの生まれたばかりの子供を溺死させることで、均衡を保とうとした。こうしたやり方でドイツとフランスの間の均衡を確保しようと思う者は、ドイツにおいてファラオと同じ振舞いをするか、フランスで出生率をドイツ並みに引き上げるかしなければならない。しかしながら、人間の数も領土の大きさと同様、それだけでは均衡にとって決定的要因とはならないことが多い。軍事力が数に反比例することも決して珍しいことではない。量よりも質、つまり軍事的能力のほうが、しばしば決定的であることが分かる。アルコール中毒と禁酒だけで、力関係をひっくり返すためには十分である。一〇年前にアルコールはロシア革命の成果をだいなしにした。過去三年間にわたって行なわれた禁酒は、革命的エネルギーをもたらした。均衡を説く政治家は、ある国でアルコールを許容するなら、他のあらゆる国々でも飲酒を強制しなければならない。さもなければ、どれほど絶妙な均衡状態も崩れ去ってしまう。

均衡理論の要求をこれ以上引き合いに出す必要はない。これまで述べたことで、外交による平和によってどんな事態にいたるかは十分理解できるだろう。軍縮理論の唱道者も、似たような平和を追求している。彼らは言う。「すべての武器を捨てれば、すぐに力の均衡が生じる」。彼らは言う。「武装していない一〇〇人の人間が一〇人より強いということはなかろう。武装していない人間は、軍事的には無に等しい。力は武器に存しており、武器の優位性が戦争の誘因になる。むろん、警官まで武装解除したがっているわけではない」。おそらく彼らは、その際、国内の「平和」を維持するためには武装が必要であると考えているのだろう。だが、そうやって武装を容認することは、すでに相当いかがわしい態度である。軍縮会議において秩序の維持のためと称していかに多くの軍団保持をツァーに許しているか、を見てみれば分かることである。(1)

平和の担保として軍縮を要求する際には、軍備のためには結局のところ兵士の頭骨より固い物なら何でも役に立つということが、完全に見過ごされている。軍備の優秀さは敵の軍備との比較によって確認される。すぐれた剣であるためには、一方の剣が敵の剣よりもなまくらでなければよいのである。ドイツの農民戦争では、騎士の武装がからざおで打ち砕かれた。パリ・コミューンでは、敷石が唯一の武器であった。カインは弟を棍棒で打ち殺し、揺りかごのヘラクレスは大蛇をあっさりと絞め殺した。

そんなありさまで、いったいどうすれば武装解除など思いつけるのだろうか。イタリアの警察はポケットナイフの携行を禁じた。そのようにして武装解除を実施しようとしたのである。では、われわれはからざおの所有を禁止すべきなのだろうか。猟銃もなくすべきなのだろうか。まあよい。しかし、すべてを禁じれば、戦争で弾を撃ち尽くしたとき、つまり「武装解除された」ときには、毎度兵士たちが「白兵戦」を演じるように、敵同士首を絞め合うことになる。最後には、拳骨が均衡を破る。戦争の元々の原因をとり除かないまま完全な軍縮に到れば、あらゆる戦争のなかでも最も恐ろしいもの、すなわち白兵戦のための基盤を与えることになる（トイトブルク山地［訳註 ドイツ北西部の山地で、AD九年に、ゲルマン族連合軍がローマ軍を破った場所］、レヒフェルト［訳註 ドナウ川支流レヒ川流域の平原で、九五五年に、東フランク王オットー一世がハンガリー大公国のマジャール人を破った場所］、ゼンパッハ）。

それにわれわれは、ヴァイオリンの弓の製造業者がいかにすばやく技術を学び直して、自分の仕事場を戦争需要に合わせて改造するかを目の当たりにしなかっただろうか。現在戦場にある武器のうち、平時の武装に由来するものはごくわずかでしかない。戦争勃発の直後には、新たに準備されたアメリカ製の榴弾の積み荷が武器市場に姿を現したのである！　だとすると、軍縮とはいったい何なのだろうか。私にはこうした要求の意味がさっぱり理解できない。

イギリスとの戦いにおいては、ドイツの鋤、ドイツの堆肥こそが、ゲルマニアの本来の武器である。穀物こそが武器であり、糞化石こそが武器であり、羊こそが武器である。硝石で榴弾を満たし、おなじ硝石で畑に施肥する！　軍縮のためには工科大学を廃校にすべきなのだろうか。なんとなれば、そこでは農業と戦争のためにどうやって硝石を空気中から取り出すかを教えるのだから。ドイツの染色工業の坩堝からは、Aのコックをひねるか B のコックをひねるかしだいで、火薬か復活祭の飾り卵用の染料が出てくるのである。

実際、フランス人は言う。「全般的な軍縮はいかにも陰険なドイツ人が気に入りそうなものだ。彼らは鉄と石炭をもち、強力な産業をもち、武器の迅速な製造に必要なすべてのものをもっている。だが、開戦時に用意ができているように、平時に外国から武器を購入している他国の国民は、軍縮問題にたいしてなんと言うだろうか。いったん軍備が縮小されてしまったら、彼らはどうやって軍備を整えればよいのだろうか。自らの強力な産業を転換することによってドイツ人は瞬く間に武装し、軍備を整えて、ナイトキャップをかぶり、からざおをもって進軍してくるフランス人とロシア人に、新式の大砲で立ち向かうことだろう！」

人間は武装してこの世にやってくる。人間はそもそもの始めから、自然界の武装した殺人者である洞穴熊や虎との戦いにおいて、まさに完全武装のおかげで自らの方が強者であると実証できたように、自分の同類にたいしても常に武装している。知力や学歴も、結局のところ、効力のある武装の役割を果たしている。軍縮は無意味である。

したがって、軍縮が平和を保障すると言ってはならない。かといって、軍縮の無益さだけではまだ、「平和を望む者は戦争に備える」という命題の正しさを証明しているわけではない。なんなら軍縮して、節約されたお金を一〇万人の新たに生み出された億万長者からなる新たな金利生活者の嫁入り道具に使ってみてもいいが、それは毒にも薬にもならない。平和は軍備とも軍縮ともいっさい関係がない。

アメリカでとりわけ期待されているもうひとつの平和は、警察による平和である。つまり、平和を強要するための、タフト（訳註 ウィリアム・ハワード・タフト William Howard Taft、一八五七〜一九三〇年。第二七代アメリカ合衆国大統領および第一〇代アメリカ合衆国最高裁判所長官）の国家連合である！

タフトは平和に向けて、実際にはかなり控えめな要求をしている。この力による平和は、不平分子が反乱を起こすのを警察力によって抑止している国々を支配している静謐状態を想起させないだろうか。ちなみに、このタフト的な平和理念は、国内平和にかんしては今日すでにいたるところで貫徹されている。ひょっとすると、警察力によって国際平和を強要するという才気に満ちた思想をタフトに吹き込んだのは、ピンカートン大隊かもしれない。われわれは実際、すぐにもアメリカで、いったん労働者階級が資本主義の怪物にたいして蜂起したなら、この力による平和が真の姿を現わすさまを目の当たりにすることになろう。その際おそらくタフト氏は、搾取され続けたあげく反乱を起こした労働者を完璧に抑え込むために、ピンカートン大隊では不十分な場合に備えて、彼の平和執行連盟（league for the enforcement of peace）を招集するのではないだろうか。このような国内の騒乱状態に際しての相互援助は、かつて「神聖同盟」（訳註 ロシア皇帝アレクサンドル一世の提唱で一八一五年九月二六日に結成された同盟。ウィーン体制下におけるキリスト教的な正義・隣人愛の精神に基づく君主間の盟約で、のちにローマ教皇・オスマン帝国皇帝・イギリス王を除く全ヨーロッパの君主が加わった）の締結に際してもきっと契約に則って承認されていたことだろう。

支持者がこれまで最も期待を寄せている、平和創出のための最もよく論評されている提言は、国際法に基づく平和にかんするものである。平和主義者の見解によれば、国際法がうちたてられ、なんらかの方法で攻撃から護られさえすればよいというのである。どうやってそれを護るかについては、あまりはっきりとした認識は見られない。それでも、国際法をもはや誰も敢えて侵害する気を起こさないように、国際法を時とともに首尾よく一種の不可侵の聖域、真の偶像にしあげていくことができる、と信じられている。

この国際法は、「正義」、道徳、自由にその啓示を求めようとするものである。国際正義、国家道徳という言葉で理解され得るものは、さしあたり批判は受けない。正義は特別の問題で、すべての人間が常に同じ態度でむきあう事柄であるから、もしたとえば今日五億人にのぼる英国の臣民のあいだでは、潜水艦戦の容認にかんして七千万のドイツ人とはまったく異なる見解が支配的であるならば、その原因としては、両陣営の一方が物事を見誤っているか、誤りと分かっていながら良心に背いて語っているかのどちらかしか考えられない、と当たり前のように考えられている。だが、「正義」というものが本当に現存し、常にいたるところで同一――ベルリンと同様ロンドンでも、過去、現在、未来においても同一――であり、それゆえ永遠に変わらない状態であるとわれわれが見なしたとしても、平和主義者がわれわれの階級国家の権力者にも十分な正義があることをあっさりと前提し、そうした根拠に基づいて国家と国家の静謐な関係をこうした正義の上に築き上げることができると信じるのは、かなり奇妙な話である。世界中を見回してみても、いったい何を根拠にそんなことを前提できるのか。ひょっとして最近の戦争だろうか。戦前の諸国民の内面生活だろうか。すべての愛すべき階級国家において、強い正義感が主調をなしているとでもいうのだろうか。これらの階級国家の公的生活は、正義と人間愛の大学と見なし得るのだろうか。議会において推進される政治は、実際それほどまでに志操を高尚なものにするのだろうか。養成専門教育のために、南西方面、コンゴ、インドに派遣された若き官吏は、実際に繊細で正義感に満ちあふれた人物となって帰国するのだろうか。たとえば労働者と経営者の間で年がら年じゅう荒れ狂っている絶え間ない階級闘争が、全国民の正義感と隣人愛を高めることにつながるのだろうか。

わが権力者たちはニューヨーク、ベルリン、ロンドン、パリにおける幼児の大量死を平然と傍観しているが、幼児はドイツだけでも毎年三〇万人が犠牲になり、それゆえその数は現在の戦争犠牲者数にほぼ匹敵し、アルメニアにおける大虐殺の犠牲者数を上回るものである。この幼児たちがたいていの場合、ひとえに母親たちがしかるべき養育を行なうのを困窮が許さないがゆえに共同墓地行きになることを、彼らはよく知っている――その困窮は、調子に乗って自分が推進すべきことがもはや分からなくなっている一〇万人の億万長者がいるのと同じ国での出来事なのである！　これらの権力者のうちたったひとりでも、それに立ち向かった者がいただろうか。われわれはいま、遠方のトルコで国民相互が攻撃し合うようなことがあれば、即座に憤激して立ち上がる正義心がこれらの人々にあることを前提にしているのではないだろうか。彼らが皆、猛禽類が現われたときのカラスのように、四方八方から救援に駆けつけることを前提としているのではないだろうか。正義心の育成に励もうとする者は、まずはわが家で、わが町で、わが国民でその訓練をすることだ。自国内に最初の平和、深みのある真の国内平和が根づき、階級国家がうち倒され、踏みつぶされた時はじめて、われわれは正義の分野でさらなる攻略対象を探し、この基盤の上に立って他国民とうまく折り合えるよう努力する。そうしたことが生じないかぎり、われわれには結果として諸国民の間の軋轢へとつながる可能性のあるあらゆるもの、あらゆる不和の林檎を食べ尽くすしか、手がないのである。

「まったくそのとおり」と、ここで平和主義者は言うだろう。「それがまさにわれわれも望んでいたこと――国際法によって不和の林檎をとり除くこと――である。だからこそ、われわれは国際法の拡充と保障を追求しているのだ。民族自決権は制限されてはならず、それは国家主権も同様である」

しかし、私ならこう言う。諸国民の権利、集団の権利はすでにあまりにも大きく、度を越して大きくなりすぎている。集団の権利はいくら狭く限定しても限定しすぎることはない。――だがその代わりに、人権はそれだけいっそう拡充されなければならない。諸国民がすでに現在の権利を乱用しているならば、その権利が拡充されるとその分だけその乱用も増えることになろう。いや、ここであえて脇道に逸れてみよう。諸国民の権利は制限されなければならず、諸国民の所有する土地にたいする国家主権が問題となるかぎりは、さらに進めて残らず廃棄されなければならない。国際法は戦争である――人権は平和である。国際法の発展は進歩と呼ばれる。それは正しくないし、歴史と矛盾する。いわゆる国際法は、はじめは自力救済権、集団の権利であった。そこからしだいに人権、個々の人間の権利が発展してきたのである。したがって、集団の権利から個々の人間の権利へと進歩するのである。

諸国民はその構成要素と比べると、常に質が劣る。人間は、あらゆる行動や黙許の責任を集団に押しつけるところでは、良くなることはない。人間は社会のなかにいるときには、個人のときよりも卑劣な行動をとる。スウィフトはすでに述べている。「私は常に国家や共同体に憎しみを抱いてきた。私の愛は個々の人間に向けられている」。それゆえ、われわれは国民よりも多くの権利を個々の人間に認めねばならない。個々の人間は集団より権利を乱用しないし、なんといっても責任は自分で担う。国際法、集団の権利は、人間を犠牲にしてはじめて拡充できる。一方の自由が他方の不自由に存しているように、一方の正義は他方の不正と考えるほかなく、人権だけがここで例外をなしている。特権はすべて、手形のように必ず誰かがその代償を払わなければならないものであり、国際法においては、その誰かとは人間のことである。われわれは国際法によって諸国民を強くし、個々の人間たるわれわれ全員を弱くする。そうだとすれば、国際法による平和を目指す努力は、必然的に目的に反したものとなる。

あらゆる国際法の最高形態は、諸国民によって所有される領土にたいする国家主権である。ここにこそいざこざの原因、捜し求めるべき不和の林檎も存している。この国家主権の助けを借りて、世界が人間にとって意図的に縮小されることが可能となった——そしてついには、人間が飢えて死に、渇いて死に、凍えて死ぬまで縮小されることになる。

この国際法の文言によると、主は大地を——聖書に書かれているように、人の子ではなく——諸国民に与え給うたのである。そして、諸国民はまだ十分に行使されていない国家主権をどれほど乱用していることか！ アメリカを一度とくと眺めてみればよい！ コロンブスは北米人のためにあの大陸を発見したとでもいうのだろうか。もちろんちがう。人類のために、少なくとも同胞のために、あの土地を発見したのである。そして、この同胞の上陸を、今日のアメリカ人は——読み書きができないとか財布に一銭も入っていないという——口実をつけて、拒んでいるのである！ コロンブスがどれほどのお金を持ち込んだというのだろうか。それに彼の乗組員たちは読み書きができたとでも言うのだろうか。ハンセン病患者、ジプシー、盲人、身障者、年寄りも、アメリカ人は追い返している——しかもその際、自らの国家主権、国際法、自決権を拠り所としてである。われわれはそんなものをいまさら拡充し、保障したいのだろうか。「アメリカはアメリカ人のために」と、その際彼らは蔑むように言い放つ。実際、彼らはさらに次のように言い放ちさえする。「アメリカはアメリカ人種のために」。そして、人類のなかでも主要な種族、最も古く最も数の多い種族、モンゴル系の人々が自らの土地に足を踏み入れることを拒むのである――しかも、国際法、国家主権を根拠にして。そして、われわれはこの下劣な権利を平和目的で拡充し、凌辱から護るべきだというのである！だがいったん、ここで問題となっていることを明確にしておこう。アメリカ人の人種政策はヨーロッパ人にも向けられる可能性があり、こうしたアメリカ人の人種政策では、いつの日か黒人が優位を占めることもあり得るのである！

「アメリカはアメリカ人のために」というスローガンに忠実に、アメリカ人はコロンブスが人類に贈ってくれた巨大な領域をぐるりと取り囲む関税境界を設けている――そして、恣意的に過度に高められた阻止関税によって、ヨーロッパ人を市場から閉めだしている。いまのところアメリカ人が狙いを定めているのは輸入だけだが、明日には輸出も狙われることになるだろう。そうなると、ヨーロッパ人はいつの日か、自分たちにとって地球がアメリカ大陸全土の分だけ、少なくともアメリカ合衆国の分だけ、小さくなる可能性を絶えず考慮に入れておかねばならなくなる。しかし、ヨーロッパの人口にとって、アメリカのような大陸が世界地図から抹消されるかどうかは、まったくもってどうでもいい問題ではあり得ない。彼らにとっては、ひとつの大陸を経済的に失うことは、それが海に呑み込まれた場合とまさに同じ損失をもたらすことになる。

いままでヨーロッパ人は、すべてを甘んじて受け入れてきた。だが他方では、彼らも他の諸国民にたいして同じことをしているのである。アメリカ人と同じように、素性の知れない、どこかの独裁者によってまとめて追放された国民に、「われわれの土地だ。われわれの独占的な所有物だ」と言い放っているのである！　われわれは国際法によってわれわれに保証された国家主権に基づいて、随意にそれを管理している。たとえばオーストラリア人は、極度に人口密度が低いにもかかわらず、日本人が国土に足を踏み入れるのを拒んでおり、日本人は過剰人口をどこに送り出したらよいか分からなくなっている。またたとえば、プロイセンのポーランド人地域では、非ポーランド人に貸し与えるために、国家のお金で土地が購入されているのである！　これらのことはすべて、国際法の名のもとに行なわれているのである！「人口過剰な国民は、聖書のファラオの箇所で、乳児がどういう扱いを受けるか読み返してみるがよい！　モンゴル人たちは、乳児を水に浸けて殺すがよい！」――「人道主義」に熱中しているアメリカ人、プロイセン人、オーストラリア人が、そう言うのである！

すでに述べたように、これまでモンゴル人、ヨーロッパ人、アフリカ人は、このような扱いを甘んじて受け入れてきた。だが、こんなことがいつまで続くのか。現在全力で進められているアメリカの軍備は実際、中欧だけに向けられたものなのだろうか。それとは別に、そこで推進されている人種政策を貫徹できるようにするためにも、その軍備が必要なものと見なされているのではないのか。

この激しい、とてつもない衝突は、どうすれば回避できるのだろうか。アメリカの国家主権を尊重する単純な国際法上の協約によってこの抗争が調停されることを期待するのは、滑稽であろう。

国際法がそれをめぐって医者のまねごとをしようとすればするほど、かえってその範囲は拡がり、諸国民の間の憎悪は深くなる。モンゴル人はいつの日か鉄拳で黄金の扉を叩き破り、その暁には、われわれが今日拡充しようとしているのと同じ国際法に依拠して、白色人種が大西洋まで押し戻されることになるだろう。

諸国民とその国家の立場からは、このような抗争は調停され得ない。人種政策が国家、国境、国法と結びつけられてはならない。人種政策は、個々の人間すべてにとって生得の問題である。千年来頑強に人種政策を押し進めてきた唯一の民族、ユダヤ人は、そもそも固有の領土をもたず、国家主権も知らない。したがって、このような戦争の芽を摘みとるためには、より高次の見地に立って、より深い洞察から出発しなければならない。ここでわれわれは、あらゆる国家の細胞、個々の人間を、引っ張り出してこなければならない。国際法ではなく人権を、ここで高らかに宣言しなければならない。つまり、あらゆる人権宣言の第一項には「主は大地を人の子に与え給うた」と書き込まれねばならないのである。主は大地をアメリカ人に与えたのでもなければ、モンゴル人に与えたのでもない。人間に、人類に、そして文盲の者にも、主は大地を与え給うたのである。この問題においては、無条件の立場をとらねばならない。大地はあらゆる人間のものであり、そこには諸国民の国家主権のための場所はないと考えるか、土地にたいして、国際法をそれにともなう必然的な結果ととともに認めるか、である。その結果とは言い換えると、ペストがインドの紛争にともなっているように、この権利にともなう戦争である。ここには中間物は存在しない。

モーセ、アッティラ、ガリバルディなら、狭すぎる土地で民族同胞が衰退していくにまかせる前に、国境の彼方に目をやる。そしてそこにまだあまり耕作されていない土地を発見したなら、そちらに彼らを引き連れていき、国際法や何かの紙切れをかざして大地への進軍を阻もうとする低次の輩を打ち破る。彼らは諸国民の国家主権に人権を対置するのであり、こうした戦争においては、人類があらゆる国民とその権利にたいして勝利を収めることになっている。

だが、こうした国際法に基づく土地にたいする国家主権を、もう一度別の側から――つまり地下資源、たとえば石炭の側から――眺めてみよう。そうすれば、おそらく国際法による平和にはもはや見込みがないことがすぐに分かるだろう。アメリカ人が貧しい者のうちでも最も貧しい者にたいしてだけ敢えて国境を閉ざし、われわれがさしあたり間接的に触れるだけの人種政策を推進しているかぎりは、われわれはこうした行為によって人類に加えられる侮辱を感じるにしても、個人的に憤慨するにはいたらない。われわれは言う。「立ち向かう者には立ち向かわせておけ、中国人が反抗するなら反抗させておけ、盲人、身障者、無学な者にはガリバルディのような指導者を選ばせて、力ずくでアメリカの国境封鎖を打ち破らせろ。粗野で鈍感なわれわれにはなんのかかわりもないことだ」。しかしもしわれわれが、イギリスとドイツが石炭に船旅と船荷の料金を二倍にも三倍にもする輸出関税を課すことで合意に達した(2)と耳にし、たとえばスイスのような石炭の乏しい国々の住民が、暖房の入っていない部屋でやむを得ず歯をガチガチいわせながら冬を過ごさざるを得ないとしたら、われわれは中国人、無学の者、年寄りに思いを馳せ、彼らとともに叫ぶだろう。「こんなことがそもそも許されていいのか、これも国際法に則ったことなのか、これは国家主権、民族自決権の乱用ではないのか。これがあの誉れ高い海上の自由なのか。国際法、紙に書かれた国際平和など――われわれがその傍らで凍死し、餓死するのなら――われわれにとって何の役に立つのか。われわれは海上の自由を必要とするが、石炭の自由がなければ、この海上の自由も空虚なものとなる。石炭資源にたいするイギリスとドイツの国家主権は、再検討されなければならない。今日われわれ皆が太陽や空気のように依存している石炭は、明らかに人類、すべての国民、各々の人間のものである」。われわれがいったん凍え、国家主権と国際法がもたらす結果に苦しまなくならなくなれば、われわれはそう言うだろう。

土地とその資源にたいしては、いかなる国際法も、集団の権利も、国家主権も、存在し得ない。国際法は、人間の手によって創り出されたもの以外に適用されてはならない。われわれが個々の人間の権利を越えた権利を諸国民に容認するやいなや、そうした権利は戦争に姿を変える。あらゆる人間、すべての個人は、土地、全地球にたいして同等の譲り渡すことのできない権利を有しており、この本来の権利のどんな制限も、戦争の前兆となる。それゆえ、私は繰り返して言う。「国際平和を望むなら、以下の最初の要求が満たされなければならない。こんな不正に手を染める集団の権利、国家主権などとっとと消え失せろ！」

＊　＊　＊

地下資源の領域から引き合いに出された例だけで、私が根拠づけたかった事柄にとっては事足りるだろう。実際どの原料も、人間の生活において、多かれ少なかれ石炭と同じ役割を果たしている。たとえばアメリカの綿にたいする輸出関税は、石炭にたいする輸出関税がイタリア、スペイン、スイスの産業にとって致命的なものであるように、五〇万人のドイツの織工、紡績工にとっては致命的な作用を及ぼす。石炭は、われわれに二つのことを悟らせる。

一、国際法に基づいて永続的な平和をもたらすことの不可能性。

二、大地とその資源が諸国民相互の関係において演じる格別重要な役割。

諸国民から公正な判断に不可欠な安心感を奪い、彼らの心中に不安感を掻き立てるのは、土地やその資源にまで及ぶ集団の権利、国家主権、自決権なのである。結局のところ、責任を負うべき政治家、事業家、そしてさらには労働者の指導者さえも覇権思想に駆り立てるのは、ある国民を不可欠な資源の産地から閉め出すかもしれない、この国際法と不可分に結びついた可能性なのである。(3)彼らは心中で思う。「われわれは、大英帝国、アメリカ合衆国、中欧がいつの日か国家主権に基づいてこの原料の大産地からわれわれを閉め出すことがあり得ることを、考慮に入れておかねばならない。(4)それゆえ、もっぱら自らの可能な限り広範囲に及ぶ支配権のみが、わが国民に発展可能性を保証するのである」。たしかに今日、世界覇権を志向する国々では、単なる略奪欲、利欲、支配欲よりも、こうした思惑の方がはるかに大きな役割を果たしている。もしイギリス、ドイツ、アメリカの事業家と労働者に原料の入手と生産物の販売を別のやり方で保証できるなら、彼らは皆、心から喜んで、植民地のがらくたやそもそも国境の拡張すらも放棄する、と私は確信している。

土地とその資源にまで及ぶいわゆる諸国民の国家主権と国際法は、不可避的に地球全体を不和の林檎に変え、誰もがその最大部分のみならず全体を欲し、是が非でも手に入れようとする。そして、この不和の林檎が協調の精神、理性、愛、人間性では取り除かれないことを、再びあらゆる国家で重きをなしている土地所有権が心配し、われわれの私的財産のうえに築かれた階級国家があらゆる毛孔から分泌する暴力、抑圧、嘘偽りの精神が心配することになる。主人と下僕、享楽主義者と無産者のもとで育った人間は、あらゆる国家間の交渉に必然的にその毒された思考様式をもちこみ、はじめからあらゆる合意を不可能にしてしまう。どんな当てこすりも、こうした精神のもとでは火薬樽に変わる。このことを得心するためには、あらゆる国家の創設と維持に導く思想をもっと詳しく吟味してみなければならない。

ルソーは言った。「大地に最初の垣根の杭を打ち込んで、『この土地は私のものだ』と言った者が、そのことを信じる馬鹿者を見つけてきて、今日の国家の基礎を築いたのである」

それと同時に彼は、土地にたいする特別所有権の確立が国家の精神を浸透させ、垣根の杭の打ち込みとともに発生する地代が本来の国家の魂になる、と述べた。国家は垣根の杭に、豆が支柱に、キヅタが外壁に蔓で巻きつくように、巻きつく。支柱が曲がっていれば、豆も曲がる。支柱を抜き取られれば、蔓は支えを失い、倒れる。土地法が健全なら、国民生活、国家も健全になる。この法が暴力の発露であるなら、国家も暴力のみで立っていかなければならないだろう。それが、ルソーの述べたことである。

暴力、搾取、不誠実の精神がいかにして垣根の杭の精神のうえに築かれるかは、この垣根の杭がそれによって社会的権利を奪われた大衆の破城槌からいかにすれば護られ得るかを自問してみれば、ただちに分かることである。そのためには、粗削りの暴力では不十分であることは、明らかである。むしろ、粗削りの暴力は大衆の暴力であり、権利を奪われた者、無産者の特権である。だが、垣根の杭を護るためには、もっと高等な諸力――まやかし、全権、法律への偶像崇拝――が必要であり、そのすべてを適切に計画どおりに整えるために、今日あるような国家が整備されたのである。この国家とその法律制度を形成するために、土地所有者は「蛇は寸にして人をのむ」の原則に従い、就学強制や教会強制をとおして、青少年教育全体を牛耳る。何が教えられ、何が隠蔽、秘匿されるべきかは、彼、土地所有者が決めるのである。学校と教会の監視を、目端の利く政治家はつねに、国家運営の最も重要な責務と呼んできた。教師、聖職者、歴史編纂者は、垣根の杭に向かって職務への忠誠を誓う。従わない者は、たとえ車輪の刑、火刑、シベリア送りにならないとしても、飢えて死ぬことになろう。そして垣根の杭は、今日にいたるまで、あらゆる攻撃によく耐え、フランス大革命にすら耐えてきた。とびきり上等な教育的最高傑作。個々人が土地を、人類が空気や水のように依存せざるを得ない土地を、一般的な商品のように売り買いすることがどうして可能なのか、とひとは困惑して自問する。いったい無産者が、自らの拠り所を根こそぎ奪い、自らを貶めるとてつもない不当行為を、二四時間でも耐え忍ぶことなどあり得るのだろうか。それでもなお、垣根の杭は立っているのである！

これはただごとではない。真理は官吏により、学校、教会で、まさしく歪曲されてきた。宗教的感情を悪用して、哀れな人の子に、「皇帝のものは皇帝に返せ」（訳註 マタイ伝二二章二一節）という言葉をしばしば押しつけがましく繰り返し言って聞かせることにより、この律法はついには人々が遠くから拝む偶像と化したのである。垣根の杭を反抗する者たちからどうして護ることができるのかという謎は、こうしてはじめて解明される。国民の大多数は、教会と学校に呪縛されて、自らの本来の指導者に促されても、垣根の杭、犯すべからざる聖域を押し倒す気にはなれないでいるのである。

この事実を軽率に看過することのないようにしよう。この事実は、今日の諸国家を導いている精神を正しく評価するのにこのうえなく大きな意味をもっている。敬虔な感情が上から悪用され、宗教、科学、芸術、自然な国民的連帯感が悪用されるとするなら、権力目的のために国民のうちの何が悪用されうるのだろうか。「主は大地を人の子に与え給うたが、お前の父親のことは、いかに最良の人間であろうとも、主は大地から追放されたのだ」と聞かされ、それはまったく正しいことで、神聖な手を触れることのできない掟であると聞かされた子供の場合は、どうだろうか。けだし、こんな馬鹿げたことにはどんな子供も耐えられない。社会的方向感覚の弦が子供時代に培われた神への冒涜によって引き伸ばされてしまい、子供時代に社会的方向感覚の天分に恵まれていればいるほど、それは破壊的に作用せざるを得なくなる。子供が、父親は土地にたいするいかなる権利ももたず、ろくでもない人間で、プロレタリアートであると言われ、精神的にうちのめされた瞬間から、子供にとってはもはや正邪の区別は明確ではなくなる。子供に危害が加えられてきたのである。

悩める協力者であるのみならず、いまや活動するようにもなった、こうした徹底的に躾けられた人間に、われわれは諸国民の国家主権が日々、いや毎時間、政治家たちの協議テーブルに投げつける不和の林檎を、理性と平和的性向をもってともに食べ尽くすことを期待しているのである！このようなことがあり得ると考えるためには、実際にすでにひとが平和愛に満ち溢れていなければならないだろう。その際われわれは当然、土地法のそれ以外の作用のことも忘れてはならない。すなわち、階級国家の全般的煽動、直接的な当事者でさえ志操をだいなしにすると述べる政治闘争、賃金闘争、ストライキ、ロックアウト、警察との衝突、ピンカートン大隊などである。そうであるからには、われわれはきっと、この土地法が撤廃されないかぎり、国家間の交渉に際してこそ必要となる寛大で真に自由を求める精神が諸国家に生まれることはあり得ない、と確信することになろう。
これまで述べたことをまとめて、次の言葉で言い表してもかまわないだろう。「今日までいわゆる諸国民、大衆、その諸国に認められてきた土地とその資源にたいする無制限の国家主権が、戦争の火薬樽を生み出しており、私的土地所有のうえに築かれた階級国家が昔から育成し、さらに育成していくにちがいない、堕落した精神が、そのための雷管を提供している。平和と土地所有は、その土地所有が国家的なものであれ私的なものであれ、ともかく両立せず、われわれがこの太古の野蛮な制度を地上から残りなく払拭してしまわないかぎりは、平和について語っても無駄である」

＊　＊　＊

多くの美しい思想が、その実現に必然的にともなういざこざのせいで、水泡に帰してしまった。理想同士が空中で激しくぶつかり合う。しかしながら、自由地思想においては、こうしたことを危惧する必要はない。それを実践するのは、まさに他の模範となるほど簡単なことである。それは、次の二つの命題で余すところなく把握することができる。

命題１　平和のための大同盟に加わっているあらゆる国家では、土地の特別所有権（私的土地所有）は残りなく廃棄される。その際には、土地は国民の所有物となり、公的な賃借契約により、最高値をつけた私的経営に委ねられる。

命題2　この公的賃借契約には、どこで生まれようと、どのように何を話そうと、どんな悪癖に耽っていようと、どんな罪を犯していようと、どんな障害に苦しんでいようと、要するに人間の顔をしている者なら誰でも関わることができる。賃借料は再びあらゆる女性と子供に均等に残りなく分配され、その際その女性と子供がどこから来ようとも一切区別されない。（次の第一章参照）

この自由地の教義は、世界平和の教義でもある！　そして何たる平和であることか！　それは、高貴で帝国主義的な衝動をうわべだけ根絶しようとしているのではない。それはその衝動に、猥褻であるとか野蛮であるとかいった烙印を押すものではない。――そうではなく、それはその衝動を満足させるのである。あらゆる健全で正直な人間の遠大な目標、地上の王国が実現するのである。

命題1は階級国家を根底から掘り崩す。先々悪人を産み出すにちがいない罪は、贖われ、根絶される。いまや家庭、共同体、国民を、平和が支配する。もはや国家、近代の偶像による教育によって特別有利な立場を手に入れることができる者も、この魂のない機械に科学、宗教、学校の育成を委ねようとする者もいない。この有機体、国家はもはやひとりでに成長することはないし、最後の自由な人間を捕えるための手足を伸長させることもない。この機械の自己保存本能は根絶される。あと一押しである。いまはもう、「国家の理想」、国家の努力、国家の魂、国家の神について語る者はいない！　梢に向かって伸びようとするキヅタの蔓が、支柱を取り除かれるやいなや、うす汚れた草むらにくずおれるように、すぐそこに迫っている国家社会主義において、すべてを食べ尽くしすべてを消化する怪物に成長した偶像も、(5)萎びて縮んでつましい使用人に姿を変え、街頭を掃除し、手紙を運び、鉄道車両を磨き、煙突や下水渠を清掃し、疫病の発生源を探り、ならず者を見張るようになり、もし他の靴磨きより安くて配慮が行き届いている場合には、われわれも心配せずにそれにブーツ磨きを任せるようになるだろう。国家の目的にかんする馬鹿げたおしゃべりは止む。その際には、人類の目的が再び、それが唯一効果的に促進されうるところ、すなわち個々の人間の胸中で、ひとつに統一される。

命題1とともに、関税障壁の構築へと駆り立て、封鎖された商業国家というぞっとするような思想を生み出す農業の特殊利益も、自ずから存続できなくなる（自由貿易の通貨技術上の困難は、自由貨幣によって残らず解決される）。

命題1は自ずから自由貿易に帰着し、アルザス、セルビア、ポーランド、モロッコ、ジブラルタル、アイルランドのような問題は、すべての当事者にとって意味がなくなり、空疎なものとなる。国境監視人――本来の国境監視人のことであり、暗い夜のうちから国境の向こうからどんな良質で安価な商品もやってこないように見張っている慎み深い人たちではなく、政治的経済的な境界と民族的な境界を可能な限り強調することで直接的な貨幣上の利益を引き出してきた人たちのことであるが

――は、命題1とともに実際残らず消え去ることになる。平和を創出するために、もはや境界標を移動させる必要はない。それは単に、戦争開始以前にあったところにそのまま残る。それは平時には、争い、戦争の記念碑としてそこに立っていることになるかもしれない。その際には、それはもはやたとえばドイツの連邦を構成する個々の国の境界がもっている意味しかもたなくなる。つまりそれは、あとは自由地によって徹底的に簡素化されるのを待つだけの純粋な管理業務、そもそも分断とはいっさい関わりをもたないものを意味するようになり、その結果、命題1とともに人為的な国境は無効となり、あとは言語、人種、山脈、水域などがかたちづくり、それが戦争の原因になったとはまだ一度も主張されたことのない、自然の国境が残るだけとなる。そして、実際上まだはっきり感じられる唯一の残っている国境、立法上の国境にかんしては、個々の国民の法律が日々ますます似たようなものになってきており、それゆえその作用範囲と見なされる国境が日がたつごとにますます相互に移行し合い、ぼやけてきている以上、まさに「自殺願望」にとらわれている、と言うことができる。同じ法律をもつ国々には、もはや法律上の国境はない――それはちょうど二つの水滴が互いに混じり合うのと同じである。なにしろほとんどの国家は、規則や法律を互いに書き写し合ってきたのである！　そして、こうした書き写しは、ますます蔓延しているのである。(6)

かくして、自由地宣言とともに、国境はすみずみまで取り払われる――そうだとすると、なぜまだ国境標を移動させるのだろうか。

命題2とともに、地下資源にたいする国家主権が生み出してきたあらゆる不和の林檎（石炭独占、石油独占、カリ塩独占、綿花独占等）は、あとかたもなく食べ尽くされる。命題2がこれらの不和の林檎を食べ尽くす際に及ぼす影響を追跡し、このうえなく複雑な問題がたったひとつの命題で残らず解決されるさまを見るのは、魅惑的であるばかりでなく、愉快でさえある。ここでは、命題2が国際関係においてもたらすであろう何千もの革命的な成果を、場当たり的に数え上げている余裕はない。それはそれ自体、膨大な拡がりをもつ研究領域である。ここでは、すべてが根底から、つまり政治家の机上の知識によってではなく、自動的に、自然な発展のなかで、変革されるのである。

ここでは、もしある国民が地下資源を使って、たとえばカリ塩や綿花の独占状態をつくりだすことにより、他の諸国民から暴利を貪ろうとするなら、分配される独占利得が世界中の労働嫌いたちを国に引きつけるというかたちで、ただちに厳しい報復を受けることになる、ということに言及するだけで十分である。あらゆる怠け者、流れ者、ジプシーが、地代を上乗せした価格で地下資源を外国に売り渡しているところに集まってくるだろう。その際でもジプシーだけは、カリ塩、石炭、綿花の価格上昇を喜ぶものの、実際の配当が載っている相場表を読み耽ることはないだろう！　いかなる独占も、われわれの地下資源にかかわるいかなる暴利も、自由地国家においては問題にはならないだろう――われわれのところには、いやになるほど怠け者、毛皮の虱がおり、われわれはもう外国からこうしたものを誘き寄せたくない。だが、国が違えば違う商品にかんして、まったく同じ努力が主になされるだろう——だから、地下資源がもはやいかなる摩擦も引き起こし得ないことは、明らかである。命題1と命題2によって確立される完全な移動の自由は、まったく自動的に地下資源を世界支配のもとに置くことになる。それは、これらの資源から暴利を貪る搾取に駆り立てるあらゆる諸力を、麻痺させるのである。

もし自由地の宣言とともに、あらゆる国々が多種多様な、おそらくは望ましくない民族に蹂躙されると想定するなら、それは本末転倒である。

今日すでに何百万もの人間が季節労働者として休みなくあちこち移動しているのであれば、自由地宣言とともにそうした動きが加速してしまう、と思われるだろう。だが、事態は正反対であることが判明するだろう。ペンシルヴェニアの炭鉱に移るために、季節労働者や移民に家族、友人、故郷、教会をあとにする気を起こさせるのは、本当のところ放浪癖ではない。本当のところは、辛い困窮がその原動力になっているのである。イタリア移民の帰国を見れば、何よりもよくそれが分かる。困窮が彼らを駆り立て、望郷の念が再び彼らを故郷に駆り立てる。しかし、こうした困窮は自由地とともに消え去る。どこかで人口が過密になったなら、その過剰人口はまだ土地が余っているところに移動するが、その際には武器や暴力ではなく、鋤、雄牛、羊とともに、また貪欲に土地から暴利を貪る者の搾取の対象としてではなく、自らが王者のような威厳のある意志を携えてやってきた国の、自由で同等の権利を有する市民として、移り住むことになるだろう。自由地は全般にわたる安全弁である。自由地とともに、人類は自由に、軋轢を生じさせることなく、世界中に散らばっていく。

自由地は、今日土地にたいする私的所有権や国家主権によって根底から損なわれた世界とはまったく異なる世界を、われわれのために切り開く。自由地は、われわれの概念の根本的な再評価を意味する。国民経済学の領域と同様、政治的領域においても、自由地によって覆されない学説はほとんど存在しない。自由地は何ものも手つかずのまま放置することはない。

最後に、個々の国民は自由地を実現するにあたって、国家間の協定を当てにする必要はまったくないことを、付言しておきたい。自由地の宣言とともに、あらゆる内的軋轢、あらゆる不毛な政治闘争を取り除くことによって範をたれる国民は、真正の価値をもったあらゆる仕事のために、すぐさま全世界の注目を集め、そのすばらしさの原因が探求されるようになるほどの、あり余る力を獲得する。あらゆる真なるもの、善なるものと同様に、自由地は意気揚々と世界を手に入れるのである。

原註

（1）一九一八年六月のウィルソンの講和綱領「国内治安を維持するためには、なお軍備を最低限まで削減することが必要になると考えられる」。ウィルソンの前任者がそのとおりに行動していたなら、ウィルソンは軍備なしで参戦するはめになっていたことだろう！

（2）そうこうするうちに協定が締結された。
（3）だからこそ、ラッサール、リープクネヒト、ベーベルは関税への原理的な敵対者ではなかった。（『社会民主主義と関税政策 Sozialdemokratie und Zollpolitik』M・エルツベルガー M.Erzberger〔訳註 Mattias ドイツの中央党左派の政治家。右翼のテロに倒れる〕Volksvereins-Verlag, München-Gladbach 1908）
（4）アメリカ合衆国は、銅の世界生産量の五〇％、鉄の四〇％、石炭の四五％、綿の六〇％、石油の六五％を算出している。
（5）ヴァルター・ラーテナウ Walter Ratenau『新たな経済 Die neue Wirtschaft』S.Fisher Verlag, Berlin を参照せよ。
（6）奪われた地方を奪還するためには、そして世界を「征服する」ためには、ドイツは社会問題を解決するための模範的な状況を自国内に創り出しさえすればよい。ドイツの法律を書き写す国々はすべて、それによりドイツ帝国に編入されることになる。

第一章　自由地という言葉の意味

（1）人間同士の競争は、土地にたいするあらゆる国家的ならびに私的特権が廃棄された場合にのみ、公正な基盤に立って決着がつけられ、その高次の目標に到ることができる。
（2）大地、地球にたいして、あらゆる人間は平等の権利を有するべきであり、われわれは、人間という言葉は――人種、宗教、教育、身体状態の区別なく――例外なしにすべての人間のことを指す、と解する。誰もが自らの意志、心、健康が自らを駆り立てる方へ移り住むことができるべきである。そして、移住者はそこの土地にたいして、原住民と同等の権利を有するべきである。個々の人間、国家、社会は、いかなる特権も有するべきではない。われわれは皆、この大地の原住民である。

（3）自由地という概念は、いかなる種類の制約も受けない。それは無制限に妥当するものである。したがって、この地上にたいしては、いかなる国際法、国家主権、国家の自決権も存在しない。地球にたいする主権は、諸国民ではなく、人間に帰属すべき権利である。この理由からして、いかなる国民にも、国境を設け、関税を徴収する権利はない。われわれが自由地の趣旨から球としてしか表象できないこの地上においては、いかなる商品輸入も商品輸出も存在しない。それゆえ、自由地は自由貿易、世界自由貿易、あらゆる関税障壁の完全な撤廃を意味する。国境は、たとえばスイスの各州間の境界のように、単なる行政上の境界にとどまるべきである。

（4）この自由地宣言からは当然、「イギリスの石炭、ドイツのカリ塩、アメリカの石油」などといった表現は単にこれらの生産物の生産地を示すものにすぎなくなる、という結論が導かれる。イギリスの石炭、ドイツのカリ塩は存在しない。なぜなら、どこの国家に属していようともすべての人間が、「イギリスの石炭」「アメリカの石油」「ドイツのカリ塩」にたいして同等の権利を有するからである。

（5）耕作者への土地の貸与は、すべての人間、つまり例外なく地球上のすべての住民が参加できる公開入札という方法に基づいて行なわれる。

（6）借地料は国庫に収められ、子供の人数に応じて母親たちに毎月残らず分配される。どこの出身でも、この受給から閉めだされる母親はいない。

（7）土地の区画は、耕作者の必要に応じて整えられる。したがって、小家族には小耕地が、大家族には大耕地が割り当てられる。協同組合、共産主義的、無政府主義的、社会民主主義的な入植地、教会共同体にも、大きな区画が割り当てられる。

（8）少しでも自由地概念に制限を加えようとする国民、国家、人種、言語共同体、宗教集団、経済団体は、排除され、追放され、法による保護の剥奪を宣告される。

（9）今日の私的地代の廃絶は、それに応じた額の国債証書を支給することによって全額補償する、という方法で実施される。

第二章　自由地財政

要するに、国家はすべての私有地、つまり耕地、森林、建設用地、鉱山、給水施設、砂利採取場などすべてを買い集めるのである。国家は売り手に代価を払い、土地所有者に補償する。支払われる価格は、地所がこれまでもたらした、もしくはもたらすであろう借地料に合わせられる。

その際に算出される借地料は、担保証券の利子率に合わせて資本化され[1]、その金額が国債の利付証書で土地所有者に支払われる。一銭も違えずにである。

しかし国家は、どうすればこんな膨大な額の利子を支払うことができるのだろうか。その回答は「いまや国庫に流れ込むようになった土地の借地料によって」である。この債務は資本化された地代を意味するので、この国庫収入は支払われるべき利子額に一銭も違えず合致する。土地が借地料として毎年五〇億をもたらすと仮定するなら、国家は四％の利子率で補償金として五〇億×一〇〇÷四＝一二五〇億支払ったことになる。この額は同じ利子率で資本化されると、やはり五〇億になる。したがって、借方＝貸方である。

この支払額の大きさに驚愕する必要はない[2]。「借方」の額は「貸方」の額で帳消しになる。それ自体に大きいも小さいもない。すでに三五〇億の国債とそれと同額の土地債務利子を負担していたフランス人は、依然として一〇億単位で外国の国債証書を積み上げているのである（戦前）。水樽はまことに大きく、容量が多い。土地国有化に際しての債務も同様であろう。大きな「借方」には同じ大きさの「貸方」が応じる。それゆえ、この額の算定にあらかじめ取り組むのは、まったくの無駄であろう。一〇〇〇億であってもよく、五〇〇〇億であってもよい。それは帝国の財政にとって、通過していく郵便馬車以外の何ものでもない。これらの数十億は、何の痕跡も残さず国庫を通り抜けていくことだろう。では、財産を預けられた銀行家は驚愕するだろうか。帝国銀行の総裁は、彼のインク壺を通っていく巨額の証書に驚愕するだろうか。帝国銀行の総裁がヘルゴラント（訳註 北海にあるドイツ領の島）の銀行の頭取より夜もおちおち眠っていられない、などということはない。では、たとえばプロイセンの債務が、債務証書によって鉄道が購入されて以降、重圧と化しているだろうか。

債務の利子が債務それ自体と同様、書類上固定されている一方で、借地料の額が国民経済の変動する要素（関税、運送費、賃金、通貨）によって決定されているかぎり、土地国有化債務の引受にはリスクがともなうという抗議は、たしかに根拠のあるものである。それはまったく正しいが、われわれもいったんこうした抗議をする人たちの立場、つまり土地所有者自身の立場から、この借地料の変動要素を考察してみよう。土地所有者は、これまで地代の減少にたいしてどうやって身を守ってきたのか。彼らはこのような場合は常に、国家に助けを求めてこなかっただろうか。また、彼らが今いわれるところの損失可能性から守ろうとしているのと同じ国家に、彼らの困窮の全責任を転嫁してこなかっただろうか。その際彼らは当然、リスクがあるところには通例それに応じた利得の機会も存在すること、また、彼ら自身はたしかに損失を国家に転嫁することを常としているが、利得の方は常に十分に要求することには、口をつぐんでいる。国家が私的土地所有にたいして演じてきたのは、これまでは常に宝くじで空くじを引いた者の役だった。国家には空くじ、土地所有者には利得である。たとえ頻繁に地代が上昇しても、この地代の徴収者が、困窮した時期に国家から受け取ったものを国家に返還する提案など一度も行なったことはないのが実態である。もともとは、地代生活者も自力で切り抜けるのが通例だった。つまり、奴隷制、農奴制を強化したのである。それがもはや続けられなくなると、国家は移動の自由の制限によって彼らを助けざるを得なくなり、それにより賃金は、移動の自由がつくりだす均衡点以下に、つまり自然な水準以下に押し下げられてしまった。このような手段も危険になると、国家は複本位制という欺瞞的手段をつかって手助けせねばならなくなり、言い換えるなら、国家は果てしない価格騰貴によって他の市民を犠牲にして地代生活者階級（債務を負った土地所有者）を債務負担から解放するために、貨幣制度を犠牲にしなければならなくなった（ここで言わんとすることは、通貨問題にまだまったく精通していない者にも、読み進めていくうちに理解できるようになるだろう）。この試みも他の金利生活者階級、利子生活者の抵抗によって頓挫し、粗野な力をもってしては目標を達成できなくなると、地代生活者は哀願や愁訴に作戦を切り換え、農業生産物にたいする阻止関税の要求を、いわゆる農業の苦境を理由にして正当化した。地代を救い、上昇させるために、民衆はパンを高い値段で買うことを余儀なくされた。それゆえ、土地所有と結びついた損失リスクを自発的もしくは強制的に受け入れさせられたのは、常に国家と民衆であった。土地所有者のような、国民階級のうちでも非常に広範囲にわたり決定的な力をもつ一階級によって担われる損失リスクは、実際上、国庫の損失リスクと同義である。土地国有化とともに、国家に損失のリスクにたいする代償として利得の機会も与えられた場合にのみ、こうした状況は変化する。

ちなみに、国民経済的に考察した場合、地代の減少にはそもそもいかなる損失リスクも存在しない。地代の完全な廃絶でさえ、国民経済的にはまったく損失とは見なされない。今日、税金とともに地代も自らの労働によって工面しなければならない納税者にたいして、もし地代が廃絶されるなら、国家はそれに応じてより多くの税金を課すことができる。国民の担税力は常に、地代生活者の能力と反比例する。(3)

所有地の買い戻しによって、直接得したり損したりする者はいない。土地所有者は、以前は所有地から地代として引き出していた額を利付国債証書から引き出し、国家は、国債証書の利子として支払わなければならない額を所有地から地代として引き出す。

国家の現金収入は、後述する貨幣改革の助けをかりて債務を漸次償却していくことで、はじめて生じる。

この改革とともに、利子率はきわめて短期間に世界交易が許す最低水準まで下落することになるだろうし、しかもそれは貨幣資本にとっても産業資本にとっても全般的にあてはまることであり、貨幣改革という根本的思想が国際的に受け入れられた暁には、全世界の資本利子もゼロまで下落するだろう。

それゆえ、土地国有化国債の保有者には利子として、この証書の相場を長期間一〇〇（額面通り）に維持するために必要となる額だけ約束すれば、うまくいく。というのも、確定利付証券の相場は、資本利子が被るあらゆる変動をともに被らざるを得ないからである。それゆえ、国債の相場が固定されるべきであるなら、その利回りは自由でなければならない。利回りは全般的な資本利子とともに上下する――その場合にも、暴利を得ようとする企み（投機）を国債から遠ざけておくことができるだけである。しかし、二〇〇〇億から三〇〇〇億もの資本を取引所での投機から徹底的に護ることは、とりわけ土地国有化国債の債務証書がいろいろな形でまったく経験の不足している人々の手許に届くことを考えれば、公共の福利に役立つだろう。

したがって、土地国有化と同時に導入される自由貨幣のおかげで全般的な資本利子が下がるなら、それとともに土地国有化国債の利子率も自ずから五％から、四、三、二、一、〇％に減少するだろう。

その場合、土地国有化を行なった際の財政は、以下のようなものとなる。

毎年の地代額	一〇〇億
したがって、五％の利子率の場合、国家が土地所有者に補償として支払わなければならなかったが、四％の利子率ならになる。	二〇〇〇億 二五〇〇億
五％なら、二〇〇〇億の利子支払いには必要となる。	一〇〇億

いまや、全般的な資本利子が四％に下落したため、二〇〇〇億の平価の利回りには、毎年　八〇億で十分だが、

一方で、地代はさしあたり　一〇〇億

という同じ水準にとどまる。

したがって、土地国有化に際しての財政の借方と貸方においては、毎年　二〇億の余剰金が発生する。

それは国債償却のために使われ、いまや利子をつける必要はなくなるが、一方で地代は国の財布に引き続き流れ込む。この毎年の余剰金は、全般的な資本利子が下落するのと同じ割合で増加し、資本利子がゼロになった場合には、たとえ同じ程度ではないにしても、たしかに利子の下落とともに下落していくであろう地代の総額に、最終的に達することになる（第一部第十四章参照）。

そうなれば、土地国有化から生じた膨大な帝国債務全体が、二十年も経ずに完全に償却されることになるだろう。賠償金算定（資本化比率）の基盤として利用されている今日の異常に高い戦争債の利子率が、土地国有化にとって格別有利に働くことにも、言及しておきたい。というのも、利子率が高ければ高いほど、補償金として土地所有者に支払われるべき引受価格も低くなるからである。

一〇〇マルクあたりの地代にたいして、補償金として土地所有者に支払われねばならないのは、

五％の利子率の場合＝二〇〇〇〇マルクの資本
四％の利子率の場合＝二五〇〇〇マルクの資本
三％の利子率の場合＝三三三三三マルクの資本

前述の償却案に沿って土地所有者に認められる過渡期もしくは順応期がなおいっそう短縮されることが望ましいかどうかは、誰か他の人間が決めればよいことである。そのための手段には事欠かない。本書の第四部で提言されるようなわれわれの貨幣制度改革は、驚くほど効率の高いものである。自由貨幣は国民経済を解き放ち、あらゆる障害を取り除き、最新鋭の労働手段によってとてつもなく増強された今日の訓練のいきとどいた労働者の生産力を、操業停止（危機）やストライキに到ることなく、全面的に発展させる。国家の収入、国民の担税力は、予想もしないほど増大するだろう。それゆえ、これらの諸力を国債の迅速な償却に動員するつもりなら、前述の期間もいっそう短縮されうるだろう。

原註
（1）地代は、土地地代と同額の利子をもたらす貨幣額の算出によって「資本化」される。
（2）目下のところは（一九一九年一一月）、もちろん償還されるべきものはまだほとんどない。一番抵当権としての効果をもつ帝国債務が、地代を大部分費消することになるだろう。スイスの小さな農場を買うだけのお金があれば、ドイツの立派な騎士領を買うことができる。

（3）フランスでは、一九〇八 - 一九一二年の地代の平均値は、一八七九 - 一八八一年の平均値にたいして二二・二五％下落した。地価は三二・六％下落した。一八七九 - 八一年には一ヘクタールあたり一八三〇フランだったが、一九〇八 - 一二年にはわずか一二四四フランになってしまった。（『土地所有と不動産信用 Grundbesitz und Realkredit』Realkredit 18.April 1918）

第三章　現実生活における自由地

土地は収用されたのち、農業、建設、産業の目的に応じて分類され、公的入札で——その際つけられた最高値に応じて——、五、一〇年間もしくは終生にわたって賃貸しされる。その際、借地人が自らの借地契約によって潰されないように、借地料算定の経済的基盤の安定性のための一定の全般的保証が、借地人に与えられるべきである。これは、通貨を単純に価格に連動させるか、全般的な賃上げの際に借地料をそれに応じて軽減させることによって、借地人にその生産物の最低価格を保証する、という方法で達成できる。要するに、農民を苦しめることではなく、健全な農民階級とともに農業を繁栄させることが課題なのだから、土地からの収益と借地料を長期的に調和させるために必要なすべての措置が講じられることになるだろう。

農業目的にかんするかぎり、土地国有化の実現可能性は、すでに経験をとおしてあらゆる面から実証されている。土地国有化は、全所有地を国有地や貸農場に変えるが、貸農場は、一部は土地所有者によって、また一部は国家によって賃貸しされるかたちで、現に帝国のあらゆる地方に存在する。土地国有化により、すでに「存在している」事象が一般化される。そして、「存在している」ものはすべて、可能になるにちがいない。

土地を良好に維持することによって利益を得る自作農より、借地の耕作者は地力を酷使する傾向があるという、貸農場にたいする反論がある。借地人はあとで手放して余所に移るために、土地から搾りとるだけ搾りとる、と言われる。

これは、賃借地にたいして提起されるほぼ唯一の反論である。それを除けばどこから見ても、少なくとも土地耕作にかかわる幸不幸が問題とされるかぎりは、借地人と土地所有者の間にいかなる違いも見いだせない。というのも、両者とも、最小の努力で最高の純収益を上げるという、共通の目的を追求しているからである。

ちなみに、乱作が借地に特有のものではないことは、小麦農場主が自らの土地からそれが疲弊し尽くすまで搾りとる、アメリカの例を見れば分かることである。所有者によって搾り尽くされた小麦農場は、二束三文で買うことができる。他方、プロイセンでは、国有地は模範農場と呼ぶことができるようになるはずである。しかもそれは、それにもかかわらず、借地人のみによって耕作されるのである。

とはいえ、借地人による乱作は、以下のようにすることによって、きわめて容易に阻止することができる。

（1）借地契約によって、生涯にわたって農地を保証する。

（2）一定の契約条項により、乱作を不可能にする。

もし乱作が貸農場の特性であるなら、通例は、自らが少なくとも二、三年間相応して高まる借地料を享受するために、借地人に乱作を許す所有者に責任がある。こうした場合に乱作を押し進めているのは、借地人ではなく、土地所有者である。土地所有者も長期契約によらずに有利な販売機会を得たいと思っているため、短期の借地契約にしか関わらない。しかし、当然のことながら、そのような土地所有者は土地を改良することを念頭に置くような借地人を見つけることはできない。それゆえ、この場合にも、乱作の責任は借地制度ではなく土地所有制度にあるのである。

土地所有者が乱作を望まないなら、借地契約書にその旨を明記する必要がある。借地人が自家飼料を用い、それに応じた数の家畜を飼うように、契約によって縛られているなら、借地人は干し草、麦藁、堆肥を買うことができなくなり、土地はそれだけでもう、乱作から守られることになる。

それに加えて、借地契約によって借地人に、もし望むなら生涯にわたって農地を耕作でき、寡婦や子供に優先的に借地権を認める旨の完全な保証が与えられるなら、借地料が不当に高く設定されたり、契約を継続しても何の利益も得られない場合を除いて、もはや乱作を恐れる必要はなくなる。

もっともこの場合でも、乱作を防止するには前述の借地契約条項で十分だろう。これは、家畜飼育ではなくむしろ穀物栽培に適した耕地を借りる借地人に、穀物の販売によって土地から奪った養分を人口肥料の形態で土地に供給する義務を課するという方法をとることにより、どの耕作方式にも適合させることができる。

ちなみに、人口肥料の発見以来、乱作は、地力を酷使された土地を再びしだいに肥沃に変えていく手段としてはまだ休閑期しか知られていなかった当時ほどの意味は、もはやもたなくなっていることに、ここで言及しておいてもよいだろう。当時は、疲弊した土地を良好な状態に戻すには、長い年月を要した。今日では、人口肥料によって瞬く間にそれを達成できるのである。

ひとを怯ませる例としてアイルランドの借地経営が挙げられる場合には、土地国有化がなされた際の地代が、還元されてなんらかの別のかたちで（免税、妊産婦保護、寡婦扶助料など）再び国民の役に立つように、もはや個人の財布ではなく国庫に収められるようになったという、根本的に異なった状況が想起されねばならない。イギリスの地主が浪費するために年々歳々地代のかたちでアイルランドから奪い取ってきた貨幣が、アイルランドの国民の手にまだ残っていたら、アイルランドの様相はまったく違ったものになっているだろう。

ロシアの「ミール（訳註　帝政ロシアの村落共同体）」の共同牧草地のような別の例も、賃借地にかかわるぞっとするような例として引き合いに出される。しかしここにも、アイルランドの例と同様の、土地国有化にたいする本質的な相違が存在する。「ミール」の場合、二、三年で死亡や誕生によって共同体住民の数が変動するたびごとに、土地が新たに分配されるので、誰もそれ以上長く土地を所有し続けることはないのである。それゆえ、農民が土地を改良するために行なうことはすべて、たしかに「ミール」の役には立つが、農民自身のためになることはない。したがって、このようなやり方は必然的に乱作、荒廃、土地と国民の衰退につながるのである。――「ミール」は共同経済でも個別経済でもなく、両者の利点なしに欠点のみを備えたものである。もしロシアの農民がメノー派教徒（訳註 一六世紀オランダの宗教改革者メノ・シモンズ Menno Simons を指導者とする再洗礼派の一派）を手本にして共同経済的に土地を耕作すれば、共同の利益によって、土地所有者が土地改良のために行なうのを常としているあらゆることを行なうことを学ぶだろう。しかし、彼らがこのような財産共同制を受け入れないなら、その必然的結果を引き出さざるを得なくなり、個別経済の十全な発展のためのあらゆる前提条件を満たさなければならなくなる。

ドイツの共同牧草地においても、事情はまったく同じであり、こちらもそのひどい状況のせいで一般に評判がよくないとすれば、それはかえって乱作を許すことになる借地契約の短慮のせいである(1)。ここでは、共同体参事会が実際以前に同じ手段で達成したように、土地を分配するために故意に共同所有地を無視しているかのようである。この疑いが根拠のあるものなら、共同体耕地のひどい状態の原因を、またもや土地の特別所有権（私有）に求めねばならなくなるだろう。というのも、共同体所有地を分配するという期待以外に、それを粗略に扱う原因は考えられないからである。共同牧草地を分配する提案が反逆罪で罰せられ、牧草地が譲渡不可の共同体所有物と宣言されるなら、このような悪弊もあっさり取り除かれるだろう。

借地人には何よりもまず、貨幣や労働のかたちで土地改良につぎ込むものはすべて、自分のために、直接自分自身のために役立てられるという保証が与えられねばならず、この保証に基づいて借地契約は明確化されていなければならない。それはきわめて容易に実行できる。

ちなみに、土地改良のために行なわれる最も重要な作業は、個々の所有者によっては、また私的土地所有の原則が維持されているかぎりは、絶対に貫徹することはできない。たとえば土地所有者は、おそらくは自らに敵対的感情を抱いている近隣住民の所有地を通って自らの耕地にいたる道路を、いったいどうやって建設するのだろうか。千人もの個々の所有者の所有地を横切る鉄道や運河を、いったいどうやって建設すればよいのだろうか。こうした場合には、分割と私的所有の原則はまったく役に立たないので、そのたびごとに法的収用に着手しなければならない。海岸や川沿いに洪水対策の護岸堤防を築くことは、私人にはできない。沼地の排水工事にかんしても、事情は同じである。沼地では、たいていの場合、境界標に気を配ることはできないし、地形の性質に合わせて工事せねばならず、土地所有関係に合わせるわけにはいかないのである。スイスでは、ビール湖にそそぐアーレ川の流れを変更することにより、三〇〇〇ヘクタールの土地が干拓され、その事業には四つの州が関与した。その際、私的土地所有者ではまったく関与できなかっただろう。それどころか、州の所有地もこの場合には役に立たなかった。ライン川上流の流域改良に際しては、連邦所有地でまだ間に合った。オーストリアとの協定だけで何とかなった。ナイル川では、私的所有者はどうやって灌漑用水を調達するのだろうか。土地の特別所有権の原則を、天候、水質、水運、全国民の健康がそれにかかっている、森林にまで拡張するのだろうか。国民の食糧供給でさえ、私的土地所有者には安んじて任せられない。たとえばスコットランドでは、土地法の保護のもと、二、三の地主が一地方全域を狩猟区域に変えるために、住民を追い出し、村を教会もろとも焼き払ったことがあった。同様のことは、ドイツにおいても大土地所有者が、国民の栄養状態を配慮するという口車に乗せられてパンの値上げのために関税を要求する気にさせられた同様の人々にたいして、行なう可能性がある。狩猟、漁労、鳥類保護の利害は、純粋な私的土地所有の原則とは両立し得ない。たとえばコガネムシやバッタのような国民を苦しめるものの駆除に際して私的所有が何を行なうかは、アルゼンチンを見れば一番よく分かる。当地では、どの土地所有者にとっても、バッタを自分の畑から愛すべき隣人の畑へ追いやるだけで十分だった――その結果、昆虫が無限に増殖し、三年続けて小麦がまったく収穫できなくなってしまった。国家が所有関係を無視して介入し、バッタを駆除してはじめて、いままで出くわしていたところでバッタを見かけなくなる。国民を苦しめるあらゆるものにかんして、ドイツでも似たような状況である。個々の葡萄畑所有者が、ブドウネアブラムシにたいしてどんな成果を上げられるというのだろうか。

土地の特別所有権は、私人、利欲が役に立たないところでは役に立たず、土地の改良や保護が問題となる多くの場合にも、それは当てはまる。実際、大地主の言うことを信じるつもりなら、いわゆる農業の苦境（つまりは地代生活者の苦境）は、国家の強制的な介入、関税による以外に脱することができないということなのだから、私的所有権は総じてもう希望のないものであると宣告せねばならないだろう。この苦境を脱するために、私人自身にはいったい何ができるというのだろうか。

土地の特別所有権は、相続により必然的に、土地細分化か土地債務にいきつくことになる。子供が一人しかいないときだけは、例外である。

土地細分化は結果として零細経営にいきつき、それとともに全般的な貧困化にいきつく。土地の抵当貸しによって土地所有者は、通貨、利子、賃金、運賃、関税と密接な関係をもつようになるので、今日ではもう私的土地所有は本当に名ばかりのものになっている。今日あるのは、もはや私的土地所有ではなく、土地所有政治である。

すでにかつて金本位制の導入によって引き起こされたように、従来のぞんざいな通貨制度のせいで生産物の価格が暴落した、と仮定してみよう。そうした場合、農民はどうやって自らの抵当利子を調達するのだろうか。また、もし利子を払わないなら、農民の所有地はどこに残るのだろうか。農民は、通貨やそれによる自らの抵当負担も思い通りのものに仕立て上げることを許す立法に働きかける以外に、いったいどんな手段で身を守るのだろうか。また、利率が上昇するなら、農民は競売人の槌音からどうやって身を守るのだろうか。

土地所有者はまさに立法にしがみつかざるを得ない。土地所有者は政治にせっつき、関税、通貨、貨物運賃率を統制する。さもなければ、彼らは破滅してしまう。実際、土地所有者など、軍隊がなければ何者だというのだろうか。無産者は、黄色人種による支配が貴族支配よりもさらに不快なものになる場合に備えて、工具を街角に放り投げて、女、子供、赤ん坊のおむつとともに移住する。土地所有者は、土地所有権を放棄してはじめて、そうできる。

したがって、私有財産はすでにそれ自体が政治の所産であるために、それを維持するためにも政治を必要とする。私的土地所有は政治を体現したものであり、政治と私的土地所有は一体である、と言うことができる。政治なくして私的土地所有はなく、土地の特別所有権なくして政治はない。土地国有化とともに、政治は本質的に消尽され、とどめを刺される。

土地国有化とともに、農業は政治との関わりをいっさい失う。今日すでに借地人が、通貨、関税、賃金、貨物運賃率、害虫、運河建設、要するに高次の、その実きわめて低次の政治に心を動かされることがないのは、こうしたあらゆる状況の影響がすでに借地条件に組み込まれているせいであるが、同様に土地国有化に際しても、彼らは帝国議会の討議に冷静に従うだろう。彼らは、地代に影響を与えるいかなる政治的措置も借地条件に反映されることを、知っている。「農業」を保護するために関税を引き上げるなら、こうした保護から生じる負担は借地料の高騰というかたちで農民に被せられることを、農民は知っている――したがって、関税など彼らにとってはどうでもよいことなのである。

土地国有化がなされると、個々人に損害を与えることなく、農作物の価格を押し上げることができるので、どんな砂丘、岩場であっても耕しがいがある。植木鉢での穀物栽培でさえ、計算上は可能となるし、肥沃な土地の耕作者も価格を引き上げて利益を得るわけにはいかなくなるだろう。なぜなら、借地料が地代にすぐ続いて上昇するだろうからである。開戦にいたった際の国の食糧供給を心配する愛国者に、私は土地国有化のこの注目すべき随伴現象を点検してみることを勧める。――穀物関税をとおして地代生活者の手に渡る貨幣の十分の一で、ドイツに現存するすべての泥炭地、原野、荒地を収穫可能の地に変えることができていただろう。

鉄道運賃の水準や、総じて運送料、運河政策、鉄道政策は、借地人にとっては他の市民よりも直接的な関わりが薄いものである。政策が一方で彼らに特別な利益をもたらすとしても、他方で借地料が値上げされることで、その利益は雲散霧消してしまうからである。

要するに、政治は土地国有化とともに、農民にとっては個人的にどうでもよいものとなる。立法にかんしては、公共の福利のみが、なおも農民に関わりをもつものとなる。農民は、個人的な政治ではなく公平な政治を促進する。しかし、公平な政治は応用科学であって、もはや政治ではない。

ここで、借地人が長期の、もしくは生涯にわたる借地契約を保証されうるなら、借地人は自らの特別利益を公共の福利に優先させる努力がなされるように、依然として国家による措置に強い関心を抱くのではないか、という反論が提起されるかもしれない。

この反論は正しいが、もしこれが不都合だと感じられるなら、関税によって引き上げられた土地価格に見られるように、法律から引き出された利益を即座に現金で土地の販売価格に取り込むことを許している今日の私的所有権に、より多くの責任がある。しかしながら、土地国有化とともに、この政治による最後の後ろ楯も、土地税にかんしても行なわれているように、地代を国家の手によって時々新たに算定し直すことができる権利を、国家が長期契約にさいして保持し続ける、という方法で取り除くことができる（期限付きの借地契約に際しては、公的入札により、借地人自身の手によって借地料が評価される）。その際、借地人が政治に期待するあらゆる利益が再び税務署によって押収されることを借地人が知ったなら、法によって地代に影響を与えようなどとはまったく考えなくなる。

ここで述べたことをすべて考慮に入れるなら、土地国有化のもとでの借地契約は、概略以下のようなものとなるだろう。

公　示！

当地で「リンデンホーフ」の名で知られている農場が、公的入札にかけられることを公示する。

公的入札は聖マルティノの祝日に行なわれ、最高値をつけた者が借地契約を結ぶ。
農場は一人の人間の労働力で運営できる。家屋と家畜小屋は良好な状態である。従来の借地料は五〇〇マルクである。土質は第五級で、気候は完全に健康な者にしか向かない。

条　件

借地人は契約により、以下の条件を満たす義務を負う。

（1）借地人は自家飼料を販売してはならない。借地人は収穫した干し草や麦藁をすべて飼料として消費するのに必要となる数の家畜を飼育しなければならない。厩肥の販売は禁止する。

（2）借地人は穀物販売のために土地から奪った栄養塩類を化学肥料のかたちで再び補給する義務、つまり穀物一トンごとに一〇〇キログラムのトーマス鉱滓、もしくはそれと同価値の代用品を補給する義務を負う。

（3）建物は良好な状態に保たれなければならない。

（4）借地料は予め支払うか、保証人を立てなければならない。

国家行政の側は、借地人にたいして以下の義務を負う。

（1）借地人が義務を果たしているかぎり、借地人にたいして農場の契約を破棄してはならない。

（2）借地人の未亡人や直接の相続人にたいしては、公的入札でつけられた最高値の一〇％引きで借地優先権を認めねばならない。
（3）借地人が要求する場合には、年間借地料の三分の一の補償金を支払えば、いつでも解約に応じなければならない。
（4）借地契約の継続期間中は、穀物の貨物運賃率を変更してはならない。
（5）賃金の算定を精確に行ない、賃金が上昇した場合には借地料を軽減し、賃金が下落した場合には反対に借地料を引き上げなければならない。（終身の借地契約の場合）
（6）いずれ必要となる建物の新築の準備は、建築費の利子に見合う借地料の値上げとひきかえに、許可しなければならない。
（7）借地人にたいして、事故、病気、雹、洪水、家畜の疫病、火事、ブドウネアブラムシ、その他の国民を苦しめるものにたいする保険金の支払いを、無条件に行なわなければならない。

いまや土地国有化の実現可能性の証明にとって決定的に重要な問いは、「右の条件でそもそも借地人を見つけられるか」になってくる。応募がほとんどなく、それに応じて公的入札に際して参加者間の競争があまりなかった、と仮定しよう。その結果はどうなるだろうか。借地料は低下して期待に添った地代になり、借地人はそれに応じてより多くの利益を得ることになるだろう。それはまったくその通りだが、このより多くの利益が逆に、農耕に専念したいとは思っているが、新しい状況を見通すことができないゆえに、まずは経験を積みたいと思い、用心深く抑制しているすべての者たちを、鼓舞する方向に作用しないはずがあろうか。

それゆえ、すでに短い試行期間を経たのちに公的入札に殺到する人々が、借地料を現実に達成可能な地代の水準まで押し上げることに疑問の余地はなく、新しい状況のもとでの借地のリスクはゼロに等しくなり、借地経営の純益が平均労賃を下回ることは決してあり得ない以上、そうなることはなおさら確実である。農民はどんなことがあっても自分の労働にたいして平均賃金にあたる額を保証され、そのうえ自由、独立、移動の自由という利益も手に入れることになるだろう。

さらに、各村落で土地国有化が導入されたのち、借地契約の履行に気を配る役目の農民が任用されなければならない、ということにも言及しておこう。その際には、毎年、各農村地区（郡、県）で、農地の範囲や位置、農作物の形質や価格、建物、従来の借地料、就学状況、気象状況、狩猟、社会などについて借地人が通常知っておかなければならないことがすべて掲載された、公的入札にかけられる農地にかんする挿絵入りの記録簿が作成されることになろう。要するに、農民を騙したり苦しめたりすることが土地国有化の目的ではない以上、借地人には農場のあらゆる利点のみならずあらゆる欠点も包み隠さず教えられることになろう。――今は、土地所有者の側から欠点が告げられることは決してない。彼らは常に利点だけを並べ立てる。たとえば住居の湿気や降霜のようなしばしば秘匿される欠陥は、うまくいったとしても、借地人が密かに問い合わせねば暴かれることはない。

ここまで述べてきたことで、私は、誰もが土地国有化が耕地にたいして生み出す新たな関係に順応できるようになるところまで、土地国有化の農業にたいする関係を明らかにできたと信ずる。手短に列挙すれば、耕地にたいする土地国有化は以下の作用をもつ。私的地代は存在せず、したがって「農業の苦境」も存在しない。関税も政治ももはや存在しない。土地の所有権は存在せず、それゆえ土地債務も、遺産の分割、分与も存在しない。地主もいなければ、作男もいない。誰もが同等で、土地を所有することもない。したがって、健康、志操、宗教、教育、幸福、生きる喜びを求める慈善心に満ちた仲間とともに移住する完全な自由が存在する。

鉱業の場合は、もしかすると農耕よりもいっそう簡単に土地を国有化できるかもしれない。というのも、鉱業においては、賃貸契約は問題にならず、鉱石の採掘は単に雇用契約（出来高払い、請負）によってなされ得るからである。国家は採掘を、事業家か労働者協同組合に請け負わせる。国家は最低値に基づいて取り決められた賃金や価格をトンあたりで支払い、採掘されたものを今度は最高値で売却するのである。両価格間の差額は、地代として国庫に流れ込む。

こうしたこの上なく単純な方法は、長期的な性格をもつ特別な施設を必要としないところ、すなわち、たとえば泥炭層、褐炭層の炭鉱、砂利、粘土、砂の採取場、採石場、油田など、いたるところに容易に適用することができる。それは今日すでに国有林において全般的に導入され、数百年にわたる有効性が実証されている方法である。山林管理当局は、公的請負契約で労働者とフェストメートル（訳註　木材の相互間隙を含まない実体積単位で fm と表記する）あたりの賃金を取り決めている。つまり最低値をつけた者が落札するのである。その後、労働者によって伐採され、一定の本数にまとめられた木材は、公的入札で最高値をつけた者に販売される。不正行為はまずあり得ない。分量が正しくなければ、買い手はすぐに苦情を申し立てるからである。鉱業でもそうなるだろう。買い手は自ら鉱山での労働を監督するだろう。ここでは取り立てて言うほどの経営資金は必要ない以上、労働者にとっては、共同の労働のために事業家ぬきで団結すること（それはむろん、今日でも彼らが学ばねばならないことだが）は容易であろう。鉱山は国家が所有しているので、労働者は自らの手工具しか必要としないのである。

炭鉱の場合は、そもそも坑内採掘なので、機械設備のせいで事態が複雑になるが、完全に実行可能なさまざまな方法をとることができる。

（1）国家が機械設備を提供する。国家が労働者の死や事故にそなえて保険をかけ、その他の点では前述のように運営する。すなわち、国家が請負契約（出来高払い）で個々の労働者に採掘させるのである。こうした方式は、今日も民間鉱山、国営鉱山で、一般的に採用されている。

（2）国家が前述のように機械設備を提供し、労働者の協同組合にすべての運営を委ねる。この方式は、私が知るかぎりでは、採用されていない。これは、共産主義的思想をもった労働者にとっては、有益であろう。なぜなら、こうすることで、労働者は自主管理することを学ぶだろうからである。

（3）国家が労働者の協同組合に、設備も含めて採掘全体を委託する。国家は労働者の協同組合が採掘した生産物にたいして公的請負契約で取り決められた価格で支払いをし、次いで、生産物を（1）と（2）の場合のように、最高値をつけた者に販売する。

労働者に販売も委ねる第四の方式は、推奨されないだろう。なぜなら、販売価格は多くの事情によって左右されるからである。

何千人もの労働者を擁する大鉱山には方式一が、中位の鉱山には方式二が、小鉱山には方式三が最適だろう。

収益と採掘費の差額は、この場合も地代として国庫に収められる。

生産物の販売にかんしては、二つの方法が追求されるべきである。

（1）諸状況の本性からして無制限に採掘する余地のあるあらゆる生産物にたいする年ごとの固定価格制度。それにより、固定価格のもとで生じる需要も常に満たされることが確実になる。生産物の均質な性質が、この方式にとっての前提となる。

（2）公的競売制度。生産物が均質ではなく、採掘が随意の、もしくは新たに生じうる需要に応じられないあらゆるところに向いている。

生産物が固定価格で販売されるが、その際に求められている分量を供給できない状況にあるならば、暴利を貪る者（投機家）がそれにつけこむことになるだろう。生産物の品質が一定しないならば、公的入札による以外に苦情を避ける道はない。

多くの地方ですでに大きな役割を果たしており、技術の進歩とともにかえってその意義を増す可能性のある水力が、ある土地特有の生産物になっている。都市が市街電車に明かりや動力を提供する、より大きな発電所は、最も簡単に国有化できるだろう。なんといってもこのような発電所は、その経営全体が単純であるせいで、国有化に適しているからである。製粉所や製材所のように、直接産業と連結された小さな水力においては、動力の販売は一貫した、石炭価格と歩調を合わせた価格で行なわれるのが適切だろう。

都市部での土地国有化は、一方では恣意を排し、他方では国家に十分な地代を保証しようとするのであれば、より困難なものになる。それを重視しないのであれば、ロンドン市の過半の地域で採用されている借地方式で十分であろう。この方式によれば、借地人には、長期間（五〇年から七〇年、ロンドンでは九九年）好きなように使用できる土地が、あらかじめ全借地期間にたいして定められた地代を毎年支払うことで、保証される。借地人の権利は譲渡、相続が可能であり、その結果、その土地に建てられた家屋も販売可能となる。時の経過とともに（一〇〇年間では多くのことが変わり得る）地代が上昇したなら、借地人は利益を得るし、地代が下落したなら、借地人は損失を引き受けなければならない(ロンドンで事実そうなったように、その損失はかなり大きなものになる可能性がある)。その土地に建てられた家屋は、同時に借地料が間違いなく支払われるための担保として役立っているので、借地人はその損失を免れることはできない。家屋の家賃収入全体が、土地所有者にとっては、担保として役立っているのである。

しかし、バビロン、ローマ、ヴェネツィアの歴史から見てとれるように、都市の歴史は変転が激しく、都市の生命線を断ち切るにはしばしば多くを要しない。インドに向かう航路の発見はヴェネツィア、ジェノヴァ、ニュールンベルクを没落させ、交易の中心はリスボンに移った。スエズ運河の開通とともに、コンスタンティノープルも同様の状況になるだろう。またここでも再び、かつて一八七三年に銀から鋳造権が奪われた際に生じたように、関与する者の策励により、下落傾向にある価格にもとづいて立案された政策がすぐにも推し進められることになっても、われわれの通貨法によっては誰も保護されないことに、注意しなければならない。すなわち、近い将来、当時と同じ人々の願望によって、金から自由鋳造権が奪われ、その後、金の供給が制限され、すべての価格が五〇%下落し、民間および国家の債権者の資産が債務者の犠牲によって一〇〇%増加させられる可能性も、今日排除できないのである。オーストリアでは紙幣で、インドでは銀貨でそれが行なわれたのに、なぜまた同じ芸当が金で演じられないはずがあろうか。

したがって、借地期間全体をとおして地代が借地契約にもとづいた水準に維持される保証は、存在しないのである。政治の影響、何千もの経済的諸事情の影響——そのなかには、今日の農村離脱が土地国有化にともなって都会脱出へと逆転する可能性も含まれる——によって、どんな長期借地契約においても相当のリスクが発生し、この損失の危険性は貸主——この場合は国家——が著しく下落した地代のかたちで贖わなければならない。

さらに、「借地契約の満了後、建造物はどうなるのか」という問いにも答えなければならない。契約により建造物が無償で国家に与えられることになっているなら、借地人ははじめから耐久性が借地期間を越えないように計算して建築する。その結果、たいていの場合、建造物を廃材の値段で売却しなければならなくなる。半永久的な使用に耐えられない家屋が建てられた場合でも、国家には利益がある。なぜなら、建て直しの場合には、常に技術的進歩を考慮に入れることができるからである。だがそうはいっても、フランスの鉄道の場合にそうだったように、実際は不利益の方がずっと多い。フランスでは、鉄道用地も契約満了後にすべて無償で国家に返却されるという条件で、国家によって民間会社に九九年間賃貸しされている。しかし、こうした状況では、いまやあらゆる鉄道建築が、維持補修と同様、ぎすぎすしたものになっている。国家には必要以上のものは何も残したくないので、いわば虫の息の老人、古く、使い古され、使い潰されたがらくた、残骸しか残らない。そして、このような思慮に欠けた契約の結果、フランスの鉄道は全般に荒れ果てた印象を与えるようになっている。——しかも、契約が満了するまでまだかなり期間がある現段階で、すでにそうなのである。契約の満了後に建造物が国家のものになる条件で建設用地が賃貸しされるなら、きっと似たような状況に陥るだろう。

建築物が査定されて国家に買いとられるという条件なら、それだけでずっと状況はよくなるだろう。だが、その査定はどのように行なわれればよいのだろうか。それは二つの観点からなされ得る。

（1）その経済的有用性（建築計画、設備）の観点から

（2）建築費の観点から

有用性を顧慮せずに、単に建築費と建築状態にしたがって査定を行なうなら、その後取り壊させるために、無用の、駄目になった建造物を高く買い取るはめに陥るだろう。建築がどんな結果になっても、国家がその費用を支払うことが分かっているなら、建築家は無思慮でいい加減な計画を立てるだろう。しかし、建築費を問題とせず、査定に際して他のことも検討する余地を残すなら、建築計画も認可を受けるために国家に提出されねばならなくなるだろう。だが、それは再び官僚による統制経済、監督、無思慮な行為に帰着することになる。それゆえ私には、建築用地を無期限で賃貸しする、つまり、あらかじめ永久に算出確定された借地料ではなく、国家の手で三年、五年から十年までの期間を切って定期的に行なわれる地代査定にもとづいて賃貸しする方式が、最も好都合であるように思われる。そうすれば、家賃収入にかんする建築業者のリスクはゼロに等しくなり、国家はもう建造物のことを気にかける必要なしに、全地代を手に入れることになるだろう。建築用地

の最もよい活用法を配慮する責任はすべて、建築に着手する者、すなわち建築業者にかかってくることになるだろう。地代や借地料の査定を完全に精確に行なうことは、当然不可能である。しかし、事業家が事業意欲を失わず、国家も貧乏くじを引かないですむ程度の借地料の算定は、常に可能であろう。

さまざまな市街区域の地代の算定のためには、国家が最高の家賃収入が見込まれる建築計画にしたがって、各市街地に自らの算定のためのモデルとなる貸家を建てるのが得策であろう。家賃について詳しく言うなら、建築費の利子（利子が支払われるかぎり）、維持補修費、必要な減価償却費、火災保険費などを差し引いて、同じ街区（同じ立地条件）の他のあらゆる地所の標準的地代である残余の額を、借地料として徴収することになるだろう。

その場合にも、多くのことがモデルハウスの建築計画にかかっているので、地代を精確に査定することはできない。それゆえ、この建築計画は、モデル計画として常に特別入念に立案されねばならないだろう。しかし、その計画がどんな結果につながっても、建築業者の側から苦情を申し立てられる根拠にはなり得ないだろう。なぜなら、この計画にもし欠陥があっても、家賃収入の減少につながるだけだからである。この家賃収入の減少は直接モデルハウスの地代にたいする圧力となり、地所全体にとってはそれに応じて低下した借地料となって再び表面化する。

この方式により、建築業者自身の利益は常に、彼らの家屋の良好な建築状態、熟慮のうえで立案された建築計画と、何よりも密接に結びついたものになる。というのも、モデルハウスを上まわる彼らの家屋の利点はすべて、彼らの個人的利益になるからである。

さらに、家賃における地代の取り分の算定の基礎として利用される建築資本の利子率が、この問題全体のなかで最も重要であり、あらかじめ、つまり借地契約が締結される前に、どの方式でこの利子率が毎回算定されるべきかについて合意しておかなければならないことに、言及しておく必要がある。なんといっても、建築資本の利子が四％になるか、三・五％、三％になるかは、地代の算定にとってかなり根本的なことだからである。

たとえば、建築資本が二〇万マルクならば、家賃収入は　二〇〇〇〇マルク
そして利子率が四％ならば、資本利子は　八〇〇〇マルク
そして地代、すなわち支払われるべき借地料は　一二〇〇〇マルク

三％なら、家賃収入から六〇〇〇マルクしか差し引かれず、それは借地料を一四〇〇〇マルクまで引き上げ、その差額は、もし疑う余地のない、契約に明記された根拠にもとづいていないならば、憤慨の声を巻き起こすことになるだろう。たとえばベルリン市にとっては、四％ではなく三％の利子率を適用するだけで、借地料算定における差額は少なくとも二〇〇〇万に達するだろう。したがって、このことにかんしては、恣意に委ねることができないのは明白である。

以下の、自由貨幣を論じる部で、私は純粋な資本利子の算定方法を詳細に論評する予定なので、

ここではそちらの参照を指示するにとどめる。だが、それとは別に、私はここで、証券取引所で扱われるすべての国内産業証券の平均収益を建造物資本の利子率と見なすことを提言したい。それにより、建築資本にたいして産業資本の平均収益が保証され、建築業はあらゆるリスクから解放され、この産業部門に借家人の福祉のために大きな資本が投入されることになるだろう。なぜなら、安全な投資を選ぶ者は誰でも、自らに常に平均収益をもたらす家屋に投資するだろうからである。

この利子率は当然、モデルハウスの地代の算定に際してのみ適用されるだろう。

五〇〇平方メートルの敷地のモデルハウスが、家賃としてもたらすのは　二〇〇〇〇マルク

建築資金は、通常の減価償却費を控除したのち、二〇〇〇〇マルクに達する。

証券取引所取扱証券の平均利子率は、三・二五％であった。

したがって、家賃から建築資金の利子として差し引かれるのは　六五〇〇マルク

それによって、地代として残るのは、二〇〇〇〇—六五〇〇＝　一三五〇〇マルク

もしくは、一平方メートルあたり一三五〇〇÷五〇〇＝二七マルクである。

経験してはじめて分かる誤差を無視して概括的に示すなら、国家と建築事業者の間の借地契約のモデルは、以下のようなものになる。

（１）国家は建築事業者に、クラウディウス通り十二番地の地所を、永代借地権の形態で委譲する。

（２）借地料は、同じ通りにあるモデルハウスのために査定された地代を基準として算定される。

（3）このモデルハウスの地代と見なされるのは、公的借地入札で得られる家賃から、X％の減価償却費、維持補修費、保険料、建築費の利子を差し引いたものである。

（4）ベルリンの証券取引所で取り扱われる産業証券の毎年の平均収益が、建築資本の利子率と見なされる。

原註

（1）多くの共同所有地がある、アイフェルのトーメン村では、当地の住民の間で、「物もらいはどこからでもやって来る」と言われている。

第四章　土地国有化はどのような作用を及ぼすか

土地国有化国債の最後の債務証書が償還されて燃やされる時ではなく、土地収用が合法的に完結したまさにその日から、土地国有化の作用が発現する。しかも、何よりもまず、国会、政治において、その作用が現われる。

バベルの塔が建設された際にそうなったように、国会議員はもはや互いに分かり合えなくなり、実際、自分のことも分からなくなるだろう。彼らはまったく別の人間として、まったく新しい遠大な目標をもって、家に帰還するだろう。彼らがこれまで代表してきたもの、擁護したり攻撃したりしてきたもの、そのために千もの新たな意味深い、言い換えるなら邪悪で思慮に欠けた根拠を運び集めてきたものは、もはや存在しない。まるで魔法にでもかかったように突然、荒涼とした戦場が墓地に変わってしまった。私的地代はもはや存在しない。それに、帝国議会、州議会は、地代の騰落に乗じて暴利を貪り、煽動する、証券取引所以外の何物だったというのだろうか。誰かがそれを関税引き上げのためのキャバレーと呼んでいたが、その者もそこに居合わせていたのである！事実、昨年の議会の討議はほぼすべて、もっぱら間接、直接に地代をめぐってのものだった。

地代は、政府がそこから立法の領域における行動の方向性を探るための立脚点となっている。地代は、世界中でそうであるように、ここにおいても、政府の人間の思考がその周りをめぐる極になっている。意識的にせよ無意識的にせよ、そのまま変わることはない。地代が保証されていれば、いっさい問題はないのである。

穀物関税の審議に際しての長く不毛な討議は、地代をめぐるものであった。通商条約においてもっぱら困難な事態を引き起こしたのは、地代生活者の利害であった。中央ドイツ運河をめぐる長時間にわたる審議においても、抑え込まなければならなかったのは、もっぱら地代生活者の抵抗であった。たとえば移動の自由、農奴制や奴隷制の廃止のような、今日享受されている些細な自明の自由は、地代生活者にたいする武装闘争で勝ち取られねばならなかった。なぜなら、自らの利益を護るために、地代生活者が武力に訴えたからである。北米での長く血なまぐさい内戦は、地代生活者との闘争にすぎなかった。あらゆる領域における抵抗は、はっきりした目的意識をもった地代生活者に発するものである。実際、万事が地代生活者に左右されていたなら、移住の自由や普通選挙権はとうの昔に地代の犠牲に供されていたことだろう。国民学校、大学、教会は、その創設に際してすでに、地代の増加のための下働きをさせられていたのである。

そうしたすべてが一撃で止む。土地所有者の政治は、土地解放という太陽のせいで雪のように消え失せ、蒸発し、大地に染み込む。私的地代とともに、金銭利得を目指したあらゆる政治的努力も消え失せる。議会では、もはや誰も財布をいっぱいにすることはできない。しかし、もはや特殊な努力ではなく、むしろもっぱら公共の福祉というより高次の見地から行なわれる政治は、もはや政治ではなく応用科学である。それゆえ、国会議員はあらゆる国事に科学的に没頭し、あらゆる熱情を静め、冷静な態度で、統計と数学の助けを借りて、ありのままの討議材料を吟味できる作業方法を習得しなければならない。

だが、土地所有者の政治だけでなく、彼らの敵対者の政治も、その役目を終える。社会主義者、自由思想家、民主主義者は、何のために帝国議会に送り込まれたのだろうか。地代生活者の強奪欲求から国民を護るためである！　だが、攻撃者が消え失せた瞬間に、防護者も必要なくなる。自由主義政党の全綱領は、土地解放とともにまったく自明のものに成り果てる。そうした綱領に言及したり、ましてやそれを吟味しあら探しすることなど、誰も考えなくなる。誰もが当たり前に自由主義の立場に立ち、自由主義的に思考する。個々人が政治に、そのうえどんな特殊利益を期待できるというのだろうか。反動とは何だったのだろうか。保守的政党の綱領とは何だったのだろうか。それは地代であり、地代以外の何物でもなかったのである。

時代後れの最も反動的な地主党員でさえ、いまや自由主義的、進歩的に考える。しかしその者たちも、他のすべての人間と変わらず、より善人なわけでも悪人なわけでもなかった。彼らは、どんな立派な人間もそうだったように、自らの利益を熱望していた。彼らはなんら特別な人種ではなかった。彼らは同じ物質的利害によってのみ団結していた。たしかにそれは、強力な接合剤ではあった。土地国有化とともに、全階級が普遍性のなかに埋没し、消滅する。実際、時代後れのユンカーでさえも、自由主義的な考え方をするようになる。土地をもたない伯爵とは、いったい何者のことだろうか。土地所有と貴族政治（貴族支配と今日呼ばれている）はまったく同一のものである。各貴族の容貌から、その貴族が何ヘクタールの土地をもち、その土地からどれほどの地代を得ているか、が読み取れる。

では、政治家は帝国議会で何をすればよいのだろうか。地代がもはやいかなる改革も妨害しなくなってからは、万事が単純で自明になった。発展に道をあけろ！　それが自由思想家の訴えだった。そして今、彼らは自由である。もうどこでも、立法が特殊利益と衝突することはない。なるほど流動的な資本はまだ存在しており、それどころかそれは、土地資本の国債（可動資本）への転換とともにさらに千億分増加したが、この流動的な資本は輸出可能で、全世界に移転可能であるので、土地資本とはまったく異なった法則に従う。流動的な資本（動産）にとっては、政治は無用である（この命題は、以下の部において、さらに根拠づけられる）。おまけに、流動的な資本は、外国との競争において持ち堪えるために、あらゆる方面で進歩を促進せねばならず、望もうが望むまいが、自由の道を進まざるを得ない。

私的地代が廃絶されたのちは、農村と都市はもはや政治的に別々の道を進むことはなく、一体となって同一の目標に向かって努力する。たとえばなんらかの方法で農業を一方的に優遇しようとするなら、工業労働者は農業に移行し、公的借地入札で借地料を前者の利益に相応する分だけ押し上げ、そうすることで工業と農業の労働収益の均衡を回復させることになるだろう。当然、その逆の場合もある。すべての人間が完全に平等な条件で、土地を意のままにできるようになるだろう。それゆえ、土地国有化後は、農業が自らの目的を追求することによって、工業と対立した道を歩むことはまったくあり得なくなる。農業と工業は、土地国有化によってはじめて、経済的、政治的に一体のものとなる。他の追随を許さないあらゆるものを備えた、圧倒的多数派の形成である。

政治的領域における土地国有化の影響を、最終的結論にいたるまで論じ尽くすには及ばないだろう。ここでは、この大まかな概観だけで満足するしかない。だが、土地国有化とともに今日の政党政治は実体のないものとなり、実際、今日の概念にしたがった政治は総じてとどめを刺されるということを示すためには、この概観で十分である。政治と地代は一体である。なるほどそのために議会が不要になることはないだろうが、今後はまったく異なった課題——個々人の利己的で特殊な努力がまったく不可能となる課題——を議会は解決していかねばならないだろう。科学的な会議が催され、ありとあらゆることを判断せねばならず、あらゆることにかんする判断を敢えて下す国民議会の代表者が送られる代わりに、それぞれの個別問題にかんする専門家が派遣されることになるだろう。その暁には、このような方法で、あらゆる問題が専門に即し、科学的に処理されることになる。国会議員にたいしては、今日まったく要求されていないことである！　彼らは軍隊、艦隊、学校、宗教、芸術、科学、医学（強制接種）、商業、鉄道、郵便、狩猟、農業等々、要するにありとあらゆることにかんして判断を下すことになっている。そのうえ、通貨問題、正真正銘の通貨問題にかんしても、これらの賢者は決定を下さねばならない（金本位制）。彼らの九九％以上が、金とは何か、金は何であるべきで何になり得るかについて、おぼろげな見当すらついていないにもかかわらずである。

　だからといって、これらの苦しんでいる者たちを、しょせんはいかなる問題においても深い認識に達することはできない輩だという理由で、非難することができるだろうか[1]。こうした奇妙な在り方は、いまや土地国有化とともに消え失せるだろう。「家事万端なんでもするお手伝いさん」を国民が審議の場に派遣することはもはやなくなり、その立法上の代理権が自らの専門分野と特殊な討議中の問題に限局されている専門家が派遣されることになるだろう。その都度の問題が片づけば、代理権も解消される。

土地国有化は国民同胞相互の全般的関係に、政治的交渉の場合と同じくらい深部にまでいたる影響を及ぼし、しかもそれは、土地収用がなされた日からただちにそうなるだろう。いまや各人が父祖の地にたいして完全に同等の権利を有しているという意識が各人を誇りで満たし、それは早くもその外見に表れるだろう。誰もが毅然とし、国家官吏でさえ抗弁する気概をもつが、土地が自らの支え、どこかで失敗したすべての者に避難所を与える邪心のない母であることを、皆知っている。なぜなら、土地はすべての者、例外なくすべての者、金持ちと同様貧乏人も、女性と同様男性も、土地を耕すことのできるすべての者がまったく同じ条件で自由に利用できるものであるからである。

ここでおそらく、今日でも土地を賃借りし耕す機会がないわけではない、という反論がなされるだろうが、今日、地代は私人の財布に流れ込み、そのことにより、ただ自らのパンを得るためだけに、誰もが非人間的な多くの辛い労働をこなさなければならなくなっていることを、忘れてはならない。土地国有化が始まるとともに、地代は国庫に入るようになり、国家のサービスのかたちをとって直接、皆の役に立つようになる。それにより、誰もが生計を立てるために行なわなければならない労働の量は減少、緩和されるだろう。一〇ヘクタール耕す代わりに六か七ヘクタールで十分になるだろう。そうなれば、都市の空気で健康を害した多くの官吏も、自ら農民となってパンを手に入れることができるようになるだろう。当然のことながら、われわれが自由貨幣の導入により、さらに資本利子も廃絶してしまうならば、それはさらに現実となるだろう。そうなれば、今はなんとか生活していくためだけに一〇ヘクタール耕さねばならないところが、四ヘクタールで十分になるだろう。

こうした経済的力と自立性は当然、人間の交流全体を変化させる。道徳、慣習、話し方、心的態度は、高貴で自由なものになるだろう。

私的地代が廃絶され、さらに利子も廃絶されたのちは、健康な女性なら誰でも、自分のパンと自分の子供を農業で得ることができるようになるだろう。加えて、一〇ヘクタールではなく三ヘクタールで十分になるならば、今は男性が力を振り絞らねばならないところでも、女性の力で足りるようになるだろう。女性の農業への回帰は、「女性問題」にたいする最も幸福な解決法にならないだろうか。

ドイツ自由地 - 自由貨幣運動（重農主義）は、母親たちに、子供の養育によって負わねばならない過重負担と引き換えに、土地利用によって自然状態の女性が得る額に見合った国家年金を与える、という考え方を導入しようとしている。地代は、ヘンリー・ジョージが税の廃絶のために利用することを提唱したのとは異なり、この母親年金のために使われる。

多くの者がこの提言に賛意を表わしている。それはなんといっても、そもそも母親たちが地代を得るのに必要な人口密度を生み出す以上、地代はとどのつまり母親たちの功績と見なすことができる、という事情による。誰もが自らのものを受け取るべきであること（「各人に各人相応のものを Suum Cuique」［訳註 プロイセンのフリードリッヒ一世が好んだ格言。キケロの言葉］）には疑いの余地はないので、母親たちが地代にたいして最大の請求権を有する。女王のように周囲の自然を意のままにできる自然状態の女性を我が国のみすぼらしい女工と比較してみても、同じ結論に達する。そうすれば、今日の地代はまさに母親たちから盗まれたものであることが分かる。実際、アジア、アフリカ、アメリカの自然状態にある民族のもとには、ヨーロッパのプロレタリア女性のように、経済的にあらゆる補助手段を奪い取られた母親は存在しない。周囲の世界全体が、自然状態の女性のものである。家をつくる木材を、彼女は見つけたところで手に入れる。家を建てる場所は、彼女が自分で選ぶ。彼女の鶏、鵞鳥、山羊、牛は、小屋の周りで草を食む。犬が末っ子を見張る。小川では、少年が日々鱒を獲る。庭では、年長の子が種を蒔いて収穫し、他の者は森から木材と液果を担いでくる。最年長の者は、山から仕留めたノロジカを運んでくる。こうしたあらゆる自然の恵みの代わりに、われわれは地代生活者、でっぷり太った、怠惰で、公明正大さがかけらもない輩を戴いているのである。したがって、今日の国民経済においては、境界や地代がなければどうせうまくいかないなら、その地代は残らず母親たちに与えられてしかるべきであることを認識するためには、われわれは周囲の自然全体のなかに自分の子供を横たえる場所も見いだせない身重のプロレタリア女性の立場に身を置いてみさえすればよい。

むろん不確実な根拠に基づくものではあるが、算定によれば、一五歳以下のすべての子供に月およそ四〇マルクを分配することができるだろう。一方ではこの補助金を与えられ、他方では資本利子の軽減が行なわれるなら、すべての女性が、男性の援助に頼らなくても、農村で子供を大人になるまで教育できるようになるだろう。もはや経済的顧慮によって、女性が潰されることはあり得なくなる。性にかかわるあらゆる問題において、女性の好み、願望、衝動が決定権を握ることになるだろう。女性は再び選択権、それも空虚な政治的選択権ではなく淘汰権を、手に入れることになるだろう。

土地国有化後は、誰もがドイツ帝国全体を、そしてそれが全般的に導入された暁には、全世界を自由に使用できるようになるだろう。それとともに、今日の国王はただの物もらいに譬えられるようになる。すべての新生児は、嫡出子か非嫡出子かを問わず、五四万九三二平方キロメートル、つまり五四〇〇万ヘクタールの農地を自由に使用できる。そして、誰もが自由に移住できるようになり、もはや植物のように生まれた土地に縛りつけられることはなくなるだろう。郷里の空気が合わない者、社会に馴染めない者は、なんらかの理由をつけて、居住地の交換を望み、借地契約を解消して移住していく。それにより、農奴制の時代には生まれた土地にはりついて、土地の教会の塔以外には美しい世界を見たこともなかった、さまざまなドイツの一族が移動するようになり、新たな道徳、新たな作業方法、新たな思想を知るにいたるだろう。さまざまな一族が知り合いになり、自分たちが他の一族より善良なわけでは決してなく、自分たちが皆で恥知らずで自堕落な社会を作りあげていたにすぎないことを、思い知るようになるだろう。周知のごとく、通例ひとは、故郷の知人や親類にたいしてよりも異国の人々にたいして自らの悪習を恥じるものなので、異国の人々との交流が道徳をより厳格で純粋なものにすると思われる。

しかし、土地国有化は、人間の内奥の本性にも変革を迫るものである。農奴制の基盤であった土地にたいする特別所有権がまだ存続しているために、農奴制の時代から人間に備わってしまっている卑屈な根性（下僕に劣らず主人にも備わっている）を、人間は私的土地所有もろとも最終的に振り払うことになるだろう。人間は再び、抑えつけている雪の重みから解放されて再びまっすぐに跳ね上がるモミの若木のように、身を起こすことだろう。「人間は自由である、たとえ鎖に繋がれて生まれたとしても。(訳註　シラー Die Worte des glaubens.)」。人間はあらゆる影響に適応するし、適応の過程におけるどんな一歩も、継承されることにより、来るべき世代の役に立つ。隷属状態にかんしてだけは、いかなる継承もなされない。私的所有は、下僕の心に傷跡すら残さない。

以上によって基礎づけられたように、土地国有化がわれわれにもたらす経済的な基盤をもった自由ゆえに、皆がこれまでは望んでも無駄であったより高貴な礼節という果実を手に入れることを、われわれは当然期待してもよい。人間の心の内部の充足感が外貌に表れるように、国内の政治的平和が外部からも感じ取れるものにならないはずがあろうか。地代が育む卑しい心性の当然の帰結として政治的交渉のなかに根づく、高圧的で、卑しく、粗野な物言いは、われわれの対外政治にも影響を与えていたにちがいない。われわれは、私的土地所有がもちこむ永遠の利害の衝突により、すべての隣人、隣国人のなかに、われわれに悪事を働こうとし、われわれがただちに襲いかかり、打ち倒すわけにはいかないなら、その攻撃に備えなければならないところの、敵しか見ないことに慣れきってしまっている。諸国民が人間、同胞としてではなく、土地所有者として対峙しているから、そうなってしまうのである。双方が土地の所有権を手放すなら、それとともに不和の林檎もとり除かれる。地代生活者に代わって、相互の交流に自らの就業、宗教、芸術、礼節、立法にたいする有益な刺激のみを期待し、決して不利益は予期し得ない、人間だけが残る。土地国有化後は、もはや誰も地代の額には心を動かされなくなるし、もしあらゆる近隣諸国でもそうなるなら、いったい誰が、諸国民の交流を汚し、諍いを引き起し、防衛措置をとらざるを得なくさせ、あらゆる関係を縺《もつ》れさせるために諸国民が火薬と弾丸以外では溜飲を下げられなくなる、国境関税のことでなおも心を煩わせるだろうか。土地国有化と、さらには本書の第四部で叙述する自由貨幣の導入により、自由通商は自ずから定着する。二、三〇年だけでも完全な自由通商が自由に発展し拡大するに任せてみよう。そうすれば、われわれはただちに、諸国民の福祉がその自由通商の促進と維持にいかに密接に結びついているか、その際、近隣諸国民との良い関係がいかに全国民によって愛情深く育まれるか、家族が国境を越えた血縁関係の絆によっていかに互いに固く結びつくか、芸術家、学者、労働者、商人、聖職者の友情が、いかに全世界のあらゆる国民を、唯一の大きな社会、国際連盟に結びつけ、時間と個々の努力が当事者を融合可能にするにいたるまで、いかにその団結をいっそう緊密で強固なものにしていくか、を目の当たりにすることになるだろう。

私的地代がなければ、もはや戦争はない。なぜなら、もはや関税が存在しなくなるからである。それゆえ、土地国有化は、同時に世界自由通商と世界平和を意味する。

ちなみに、自由地の戦争にたいする影響は、これまで表面的にしか探求されてこなかった。それはまだ未開拓地である。ドイツ土地改革者同盟は、ここをまったく探索していない。ここには、大いに見込みのある仕事のための素材、わりのいい素材が眠っている。誰がこの課題を引き受けるのだろうか。この仕事にかんして徹底的な準備を重ねてきており、この仕事に相応しい人物でもあった、グスタフ・ジモンズ Gustav Simons 、エルンスト・フランクフルト Ernst Frankfurth、パウルス・クリュップフェル Paulus Klüpfel は、志半ばで死去してしまった。この解決されるべき課題の朧《おぼろ》げな輪郭を、私は「自由地、平和の揺るぎない要求」という論文のなかで示そうと試み、それを本書の第二部の導入部分に収めた。

賃金の一般法則にかんしては今のところ、土地国有化にともない、その債務が償還されたのちに、全地代は賃金基金に当てられ、その後の全労働収益は、資本利子を差し引いたのちには、全労働生産物と等しくなる、としか言えない。

（1）国家は、国民学校、国教会、国立大学や他の多くの負担から完全に解放され、有利な立場に立てるようになる。これらのものは、地代生活者が国家にその負担を押しつけたものであり、本来の不和の林檎から注意を逸らすのに役立つものである。

第五章　土地国有化の要求はどうすれば基礎づけられるか

健全な人間は地球全体を必要とし、それを自らの手足のひとつ、自らの身体の切り離すことのできない主要部と見なす。つまり、そこで必要とされるのは、地球全体であって、その一部ではないのである。答えられるべきなのは、どうしたら誰もがこの主要器官を完全に使用できるようになるのか、という問いである。

地球の分割はあり得ない。なぜなら、誰もが全体を必要としているのに、分割すればその一部しか手に入れられないからである。家族の個々の成員がスープ鉢を欲しがっているのに、その要求を、鉢を粉々にしてそのかけらを各人に投げつけることで、満たせるだろうか。そのうえ、各人の葬式、誕生に際しては、取り分の立地条件、性質、気象条件などがすべて異なっていることをまったく度外視して、分割をはじめから改めて始めなければならないので、誰も満足できない結果になる。というのも、日当たりの良い高地に土地をもちたい者がいれば、ビール醸造所のそばで土地を探す者もいるからである。しかし、分割（今日では通例、遺産相続による）に際しては、このような願望は顧慮されないので、ビール愛飲家が下の谷で自らの太鼓腹を満たすために、日々日当たりの良い高地から下に降り、他方、日当たりの良い高地を渇望している者が、谷間の空気で精神的、肉体的に消耗しているのである。

分割によっては誰も満足させられないし、とりわけ、通例そうであるように、取り分の交換（売却）が売上税によって困難になる場合には、分割は人間を生まれた土地に縛りつけることになる。だから、たしかに多くの者が健康を考慮して転居を望み、隣人と仲違いした多くの者が、安全を考慮して他の地方を目指すが、自らの土地所有権が足枷になる。

売上税は、ドイツの多くの場所で一、二、三％にのぼるが、アルザスでは五％にもなる。通例、地所の四分の三までが抵当に入れられることを考慮するなら、五％の売上税は、それだけで買い手の支払額もしくは資産の二〇％になる。したがって、誰かが五回住所変更しただけで――それは、人間の良き発展のためには、断じて多すぎる回数ではない――彼の土地資産はすべて税金に消えてしまう。売却に際してのみ徴収される土地改革者の増価税によって、事態はさらに悪化する。

若い農民にとっては、北方の高地も悪くない。年齢を重ねるにつれて新陳代謝が悪くなれば、温暖な土地を選んだ方がよい者も出てくるし、老年になれば、温暖な土地がどこよりも快適に感じられるようになる。分割という手段で、いったいどうすれば、これらの千もの異なった望みのすべてに対応できるのだろうか。まさか各人が自らの耕地を手荷物にして、あちこち引きずって歩けばよいとでもいうのだろうか。彼らは再び向こうで買うために、こちらで自らの取り分を売りたいと思うだろうか。土地取引に常に注意を払っていることができず、事情によって何度も自分の居場所を譲渡せざるを得ない者は誰でも、それが意味するところを思い知っている。その者にとっては、雄牛を市場に引っ張っていき、一連の取引を行なったのちに、最終的にカナリアを家につれて帰るはめになった農民の身に起こるのと同じ事態が生じるのである。したがって、土地所有者は通常、売却のための「機会を待つ」必要がある。だが、こちらが売却の機会を待つ一方で、あちらは購入の機会を待っているとすれば、時は空しく過ぎゆき、結果的に、その者は住所の移転に期待する利益を諦めざるを得なくなる。いかに多くの農民が、天分のある子供を学校に入れるために、都市の近郊に移りたがり、いかに多くの者が、大自然のなかで子供を育てるために、都市の近郊から逃げ出したがっていることか！　遺産相続のためにプロテスタント地域に移住せざるを得なかった良きカトリック教徒のうち、どれほど多くの者がカトリック地域に戻ることを切望していることか。土地所有は、こうしたすべての人々からその喜びを奪う。土地所有者は、彼らを鎖に繋がれた番犬、農奴、土地の奴隷にしてしまう。

また、父親から自分の「取り分」を相続し、土地の九〇％を抵当に入れることによってしか九人の兄弟姉妹の相続権を買い取ることができない者のうち、いかに多くが今日、利子支払いのせいで首をくくるはめに陥っていることか。そうした者から利子を支払う能力を奪い、農地全体を競売に付するためには、わずかばかりの賃金上昇、わずかばかりの地代減少（それは、海上運送費が下落したただけでも起こりうる）で十分である。ドイツの土地所有者全員が陥ったいわゆる農業の苦境は、私的土地所有と分かちがたく結びついた、土地相続による負債の結果であった。

「幸運な相続人」はあくせく働き、算段し、汗をかき、国事について酒場政談に励む。――彼の所有権が、彼を容赦なく深みに引きずり込む。

その財産が共同体の財産を意味し、協同組合を志向する場合のような、共有財産という形態での地球の分割は、「取り分の所有者」にとっては、いっそう厄介な結果を招く。自らの取り分の売却は個人にはできなくなり、共同体から脱退すれば、取り分を失うことになる。この場合には、売上税は一〇〇％の転居税に変貌する。いっさい税金を徴収しないだけでなく、さらに現金の支給もしてくれる共同体が存在する。そうなると、この収入を失わないために、多くの者が、気候、政治、教会、交際の状況、ビールや賃金の事情にかかわりなく、共同体にとどまり続ける。そして私は、まさにこのような豊かな共同体ほど、係争、口論、殺人行為が絶えないところはなく、人々が不幸に暮らすことを余儀なくされるところもない、と確信している。私はまた、このような共同体は、他のどこよりも賃金事情が厳しいと確信している。なぜなら、営業活動の成果を上げるためにはどうしても必要となり、個人的能力が決め手になる、自由な職業選択が、ここでは移動の自由が妨げられているために、異常なほど制限されるからである。誰もが地場で発展可能な産業に頼らざるを得ないし、ひょっとすると科学者やダンス教師として大成したかもしれない者も、ここでは共同体での権利を失いたくないばっかりに、木こりとしてなんとか暮らしていかざるを得ない。

われわれが地球を個々の国民に分割する際にも、われわれは同様の「地球分割」の不利益に逢着することになるし、あとはそれが状況に応じて増大していくばかりである。どんな国民も、自らに割り当てられた部分では満足しないし、どんな国民もその部分では満足できない。自らの有益な発展のためには、個々の人間と同様、いかなる国民も全地球を自由に使うことができなければならない。したがって、その部分では十分でない以上、征服によって所有地を拡張しようとする。しかし、征服には軍事力が必要となり、ある国家の軍事力は領域の拡大につれて永続的に規模が拡大することはなく、反対に絶え間ない征服によって時の経過とともに減少する、というのが数千年の歴史によって証明されている法則である。それゆえ、地球上のあらゆる国民がいつの日か征服によって誰かの支配下に置かれるようになることは、あり得ない。だから、征服は通例、別の機会に再び失われる小領土に限られる。一方が征服によって獲得するものを、他方は失う。そして失った者も同じ拡張欲求を有しているので、奪還の準備をし、隣国に襲いかかることのできる機会を虎視眈々と狙っている。

したがって、ほぼすべての国民が征服によって地球上の待望の所有地に居座ろうとしてきたが、常に同じ失敗を繰り返してきた。剣は、手工具と同様、使い古せばなまくらになる。この子供じみた試みのために、どれほどの犠牲が再三再四捧げられてきたことか。流血、屍の山、莫大な貨幣と汗。そこには成果の痕跡すらない。わが地球の国家地図は、今日、継《つ》ぎ接《は》ぎされ、原型を留めなくなった、ぼろ服の様相を呈している。日々新たな垣根の杭が立てられ、誰もが羨みつつも、自らの玄関の鍵、父祖から受け継いだ値打ちの乏しい土地を見張っている。いつの日かわれわれ全員を統合する征服者が現れると、理性的な根拠にもとづいて期待することは可能だろうか。そのような期待は馬鹿げたことだろう。分割は戦争につながるが、戦争は継ぎ接ぎすることができるだけである。継ぎ目は繰り返し繰り返し綻びる。人間が必要としているのは全地球であって、継ぎ接ぎされたぼろ布ではない。個々の人間にとっても、個々の国民にとっても、そうである。この基本的欲求が満たされないかぎり、戦争はなくならない。人間対人間、国民対国民、大陸対大陸。その際、このような原因から突発する戦争は、常に繰り返し、交戦国が目指すところとは反対のものを生み出さざるを得ないことを、顧慮すべきである。つまり、生み出されるのは統一ではなく分離、拡張ではなく縮小、橋ではなく底知れぬ深淵なのである。

多くのプチブル的俗物が煙で満たされたビアホールで「どこよりも居心地よく」感じ、山の頂上では落ち着かず、居心地の悪い思いをするのは、事実である。旧プロイセン領にかんしても、彼らはドイツ帝国との統合を不承不承受け入れたにすぎない、と言われる。新たな栄光が輝き、地球分割は物もらいの一族を生み出したのである。

だから、こんな使い古され、磨り減った道具など、捨ててしまえ。大砲など捨ててしまえ、操り人形など捨ててしまえ。国境関税もろとも垣根の杭など捨ててしまえ。土地台帳もろとも火にくべろ。そうすれば、地球の分割、崩壊も、その残骸も消えてなくなる。各人に各人相応のものを。各人に全体を。

では、どうやってこの要求を、財産共同制、世界連邦的な結合、個々の国民大衆の国家的自立の廃棄なしに、満たすことができるのだろうか。自由地が、この問いにたいする答えである。

だがそうなると、すでにこうした要求の実現とともに、国境の内部に位置しているすべての土地が誰にでも入手可能となり、その者の所有物であると宣言されることになるのではなかろうか。この方式にしたがって、各人が土地を割り当てられたままになるならば、各人の願望どころか気分、気まぐれも顧慮されることになるのではなかろうか。自由地によって移住から土地所有という余計な荷物がとり除かれて、法律的のみならず経済的にも移住の自由が導入されることになるのではなかろうか。

もっと近づいて見てみよう。――ある農民が、北ドイツの低地で息子たちと一緒に大農場を耕作している。だが息子たちは農業を学ぼうとせず、商業を営むために都会に出て行ってしまったので、老齢のため体の衰えた農民には、農場は手に余るものになっている。それゆえ、農民はもっと小さな農場を耕したいと思い、その思いが若いころの夢、つまり山に住みたいという夢と結びつく。だが同時に彼は、息子たちがフランクフルトに居を定めているので、フランクフルトからあまり遠くには住みたくないとも思っている。これは今日ではかなり難しく、農民にはほぼ実現不可能なことであろう。

自由地によって事態は一変する。土地を所有しないなら、ひとは渡り鳥のように自由で、どこにでも移住できる。借地契約は違約金を払えばいつでも解消できるので、契約の満了を待つ必要すらない。したがって、移住を希望する者は各地域が借地農場について定期的に発行している挿絵入りの一覧表をとり寄せ、自分の事情に最もよく合致した農場を記憶に留める。選択肢には事欠かない。というのも、平均的な借地期間を二〇年と見積もるなら、二〇の農場のうち一つが毎年満期を迎え、言い換えるなら、一〇ヘクタールという平均的な大きさの約一五万の農場が毎年満期を迎えるからである。つまり、大小を問わずあらゆる事情にかなった農場、山地、平地、ライン川流域、エルベ川流域、ビスワ川流域、カトリック地域、プロテスタント地域、保守的な土地、自由主義的な土地、社会主義的な土地、沼沢地、砂地、沿岸部、畜産業者に向く土地、甜菜農家に向く土地、森林、霧の多い土地、さわやかな小川のほとり、煙に覆われた工業地帯、都市の近郊、ビール醸造所のそば、駐屯地のそば、学校のそば、フランス語圏、ポーランド語圏、肺病患者に向く土地、心臓病患者に向く土地、強靱な者に向く土地、虚弱な者に向く土地、老人に向く土地、若者に向く土地、要するに、自らが自由に使用でき、自らの所有地になり、耕しさえすればよい、毎年一五万の農地から選択できるのである。そうだとすれば、誰もが帝国全域を所有していると言えないだろうか。そうだとして、帝国を所有するために、まだ何か欠けているものがあるとでもいうのだろうか。誰も二つ以上の農場に同時に居住し、所有することはできない。なぜなら、所有することはそこに住み着くことを意味するからである。たとえ地球上でたった一人になっても、一つの場所を選ぶ決心をしなければならない。

たしかに借地料は要求されるが、この借地料は、土地の産物ではなく社会の産物である地代の代償である。そして人間は、地球にたいする権利はもつが、人間にたいする権利はもたない。したがって、農民が農作物価格のかたちで社会から徴収する地代を、再び借地料として同じ社会に返還するならば、農民は単に会計係、収税吏の役割を果たしているにすぎなくなる。彼の土地にたいする権利が、それによって減少するわけではない。農民は社会に、社会が農産物価格のかたちで彼の労働の対価を越えて支払った分を返還するのである。しかしその結果、借地人も再び社会の構成員になるので、借地料総額中の彼の取り分は再び彼の懐に入る。それゆえ彼は、実際は借地料すら払わない。彼は徴収した地代を、厳密な清算のために社会に引き渡すにすぎない。

したがって、個々人のドイツ全域にたいする権利は、自由地によっていっさいの制約なしに保証され、実現されることを、認めねばならない。

だが、ドイツという破片では、自らの尊厳を自覚した人間にとっては十分とはいえない。彼は、自らの所有物、自らの切り離すことのできない手足として、全体を、地球を要求する。

こうした障害も、自由地によって解消される。自由地をあらゆる国に拡張した、と考えてみよう。多くの国民に特有の制度が国の境界を越えて全世界に拡がると考えるなら、奇妙なところは何もない考えといえる。つまり、自由地が国際的に導入されて、他国に移住する市民が同等の権利を有すると見なされる旨の条約によってそれが補完された状態を想定するなら、それは今日すでに法にかんしてほぼ一般的となっていることである。では、個々の人間が地球全体を所有する権利を実現するためには、まだ何が欠けているというのだろうか。全世界が今後、人間の無条件の所有物になる。人間は、自らが気に入るところならどこへでも移住することができる（今日でもすでにそうであるが、お金がある場合に限られる）。しかも無償で移住できるのである。なぜなら、人間が支払う借地料は、すでに述べたように、本来は土地から徴収されるのではなく、自らの生産物価格のかたちで人間が社会から徴収し、国家給付のかたちで人間に返還される、地代の代償として徴収されるからである。

それゆえ、自由地によって、個々の人間すべてが地球全体を所有するにいたる。それは彼らのものである。それは、彼らの無条件の所有物である頭部のように、彼らと合体している。それは、引受を拒絶された手形、質入れ債務、破産した友人への貸しを根拠に、人間から取り上げられたり奪われたりすることはあり得ない。人間は自らの望むことを行なうことができ、酒を飲み、証券取引所で勝負することもできる。人間の所有物は不可侵である。その人間が父親の遺産を十二人の兄弟姉妹で分割しようが、一人っ子であろうが、土地所有にとってはどうでもよいことである。人間の行為にはまったくかかわりなく、地球は依然として彼の所有物である。人間が農作物価格のかたちで徴収された地代を社会に引き渡さないなら、その者には後見人がつけられることになろうが、それでも地球が彼の所有物であることには変わりはない。

土地国有化によって、すべての子供は土地所有者としてこの世に生を受け、プラハの幼子イエス像（訳註　マラーストラナ［小地区］にある聖母マリア教会に安置されるバンビーニ・ディ・プラガとして知られている幼子イエスの彫像）のように地球を手中にする。肌の色が黒、赤、黄、白のいずれであれ、地球はまるごと例外なしにすべての子供のものである。

汝は塵であり、塵となって土に還る。それはありきたりのことのように思われるが、この塵の経済的意義が過小評価されることはない。なぜなら、この塵は、今はまだ土地所有者のものである大地の構成要素であるからである。発達、成長するために、汝は大地の構成要素を必要とする。わずかに血中の鉄分が不足しただけで、汝の健康は失われる。大地がなければ、そして（大地が土地所有者のものである場合には）土地所有者の許可がなければ、誰も生まれることを許されない。これは決して誇張ではない。汝の亡骸を調べれば、空気中からは得られない一定量の土の成分が見つかる。この土の成分はなんと言おうと大地もしくはその所有者のものであり、所有者に買われたか盗まれたものである。そのどちらかしかない。

バイエルンでは、結婚の許可は一定の収入の有る無しに左右される。出産は、自らの骨格を形成するのに必要な塵の代金を支払えない者には、法律的に許可されないのである。土地所有者の許可なくしては、誰も死ぬことすら許されない。なぜなら、汝は塵となって土に還るが、この塵は大地の一画を必要とするからである。土地所有者が汝にその場所を与えないなら、次に打てる手は何なのだろうか。土地所有者に土地使用を許可されることなく死ぬ者は、所有者から土地を盗んだことになる。それゆえ、墓所の代金を払えない者は、まっすぐ地獄行きとなる。それについては、「行き倒れて死ぬことを許される場所はない」というスペインの諺がある。また、聖書には「人の子には枕する所もない」（訳註 マタイ伝第八章二十節）と書かれている。

しかし、揺りかごから墓場までには長い人生があり、人生は周知のごとくひとつの燃焼過程である。肉体は、生命の火が消えるべきではないなら、絶えることのない熱が生み出されねばならない炉である。ひとはこの熱を、内的には栄養補給によって、外的には熱発散にたいして防護するための衣服と住居によって、手に入れようと努力する。

しかし、食糧は、服地や建築資材と同様、またしても大地の産物のひとつであり、所有者が大地からこれらの素材を得ることを認めなければ、次に打てる手は何なのだろうか。

それゆえ、大地の所有者の許可なくしては、誰も食べることも着ることもかなわず、それどころかそもそも生きることすらかなわない。

これも決して誇張ではない。アメリカ人は中国人の移住を拒絶しているし、オーストラリア人は肌が白くない者をすべて海岸から追い返している。難破してオーストラリアの海岸で救難を求めたマレー人でさえ、再び情け容赦なく追い立てられた。それに、我が国の警察は、大地の財を買うすべをもたないあらゆる人々にたいして、どういう態度をとっているだろうか。「お前は何ももっていないにもかかわらず、生きている。だからお前は盗みを働いているのだ。土地の生産物で維持された火の所産でしかあり得ないお前の体温は、お前の悪行、お前が盗みを働いていることを暴き立てている！ 監獄行きだ！」。だから、職人も、絶対に手をつけない蓄えを増やすのを常としている。だから、彼らは大いに負い目を感じながら、「恐れ入ります、しがない旅人です」という言い方で自己紹介するのである。

「人間は大地にたいする自然権を有している」という決まり文句を、しばしば耳にする。だが、それは戯言にすぎない。なぜならその場合、「人間は自分の手足にたいする権利を有している」ということもできるからである。ここでは、「権利」について語るべきではない。さもなければ、樅の木には大地に根を下ろす権利がある、と述べることもできてしまうだろう。人間は気球のなかで一生を送ることができるだろうか。大地は人間のものであり、人間自らの有機的な一部をなしている。われわれには頭と胃のない人間など考えることもできないように、大地を欠いた人間など考えることはできない。頭と同様、大地も人間の一部、手足である。人間の消化過程はどこから始まり、どこで終わるのだろうか。この過程はどこから始まるわけでもなく、終わることもない。それは始まりも終わりもないひとつの閉じられた環をなしている。人間が必要とする素材は、未加工状態では消化しにくい。それは、消化しやすいように予め加工されていなければならない。そして、この加工は、口ではなく植物が行なうのである。素材がさらに消化管を通って栄養素になる道を辿れるように、植物は素材を集め加工するのである。口、歯、胃と同様に、植物はその大地上の生育地ともども人間のものである。

しかしながら、植物とちがって、人間にとっては大地の一部では役に立たない。人間は地球全体を必要とし、しかも個々の人間すべてが地球をまるごと必要とするのである。谷や島に住んでいたり、壁や関税によって孤立している国民は、徐々に衰弱し、死に絶える。それにたいして、地球上のあらゆる産物で血に風味を添える通商国民は、若さを保ち、人口を増やし、世界を征服する。人間の肉体的、精神的欲求は、地殻の隅々まで根を下ろす。それは蛸の足のように地球を包む。人間が必要とするのはすべてであって、一部ではない。人間は北部高地のみならず、熱帯、温帯の果物も必要とする。人間は健康のために、山、海、砂漠の空気を必要とする。精神復興のためには、人間は地上のすべての国民の交流と経験を必要とする。人間は、さまざまな国民の神々ですら、自らの宗教の比較対象として必要とする。地球全体は、地球自らが太陽の周りを華麗に巡っているように、人間の、個々の人間すべての一部であり、一器官なのである。

個々の人間がこの大地の一部、われわれ自身の一部を排他的かつ独占的な所有物として占有し、囲いを設け、犬や訓練のいきとどいた奴隷を使ってわれわれがその大地の一部に近づくのを妨げ、われわれから手足のすべてをもぎ取るのを、われわれは許してもよいのだろうか。このような振舞いは、われわれの自身を切断するのも同然ではないだろうか。

土地を切断しても失血をともなわないため、この譬えはあるいは受け入れられないかもしれない。失血！　それでもそれは、ひどい失血にほかならないのである！　普通の傷なら癒える。耳や手を切断することはある。出血は止まり、傷口は瘢痕になる。だが、土地の切断がわれわれの肉体に残す傷は、永遠に化膿し続け、癒えることはない。利子の支払日がくるたびに、傷口は何度も開き、赤い黄金の血が勢いよくほとばしる。蒼白になるまで人間は血を搾り取られ、貧血でふらふらになる。われわれの肉体から土地を切断する行為はあらゆる手術のなかでも最も血なまぐさいものであり、奪い取られた手足を再び縫い合わせることによってしか癒されることのない、腐敗性のぱっくり口をあけた傷を残すことになる。

だがどうやってか。大地はすでに切り刻まれ、粉々に打ち砕かれ、分割されているではないか。それに、それにかんして尊重されねばならない記録文書も、いっさい発行されていないではないか。

いや、そんなことはナンセンス、ナンセンス以外の何ものでもない！

いったい誰がそうした文書を発行するのか。いったい誰がそれに署名するのか。私自身は一度も大地の、私の手足の切断に署名、同意したことはない。いったい他の誰が、私に代わって、私の同意なしに、私に関わることを行なってきたのか！　私にとっては、そんな文書はすべて価値のない紙切れである。私は、私に障害を負わせる切断に承諾を与えたことはない。それゆえ私は、私の奪われた手足の返還を要求し、私に大地の一部を引き渡さないあらゆる者にたいして宣戦布告する。

「しかし、この黄変した古文書のここには、汝の祖先の署名がある」。その通り。そこには私の名前が載っている。だが、その名前が偽造されたものかどうか、誰に分かるのか。それに、たとえその署名が本物だったとしても、それを立証する可能性は失われており、私はその署名の傍らに、脅して署名を迫った際に使われた短剣で穿たれた破れ目を目にする。そう判断するのは、誰も直接的な生命の危険もないのに、自分の手足を犠牲にする者などいないからである。たしかに狐でも自分の脚を噛み切ることはあるが、それは罠にかかった場合だけである。それに結局のところ、そもそも今日、誰が祖先の罪を認める義務を負わねばならないのだろうか。子孫には、祖先の責めを負う義務があるのだろうか。両親は子供の手足を切断してもよいのだろうか。父親は娘を売りとばしてもよいのだろうか。ナンセンス、まったくのナンセンスである。

大酒飲みの子供には、後見人がつけられる。そして、この土地登記簿に残っている署名がすべて酩酊状態でなされたわけではない、と誰が断言できようか。本当のところ、われわれの祖先は果てしない酩酊のなかで生きていた、と考えて差し支えない！　大地を遊興のために遣い果たしたのは大酒飲みだったし、古代ゲルマン人がそうだったように、妻や子供を賭けの対象にする大酒飲みだった。飲酒によって身を持ち崩したならず者だけが自分や自分の手足を売りとばし、落ちぶれた人間だけが自ら進んで署名した。月のために土地を購入する目的で、月から男が火酒の瓶をかかえて降りてきた、と考えてみよう。ひとは彼に、それが大きかろうと小さかろうと、この大地の一部を持ち去ることを許すだろうか。だが、大地が月に持ち去られようと、土地所有者がそれを独占しようと、何ら変わりはない。土地所有者は、地代を徴収したのちには、どうせ荒地、不毛の地しか残さないのだから、われわれの土地所有者が、資本逃避のためにドイツの全耕土を巻き上げて外国に持ち去ったとしても、国民にとってはどうでもいいことなのかもしれないが、食料難にもかかわらず、パリで贅沢三昧の生活を送るロシアの土地所有者が途方もない量の穀物を輸出したので、コサックでさえ苦境に陥り、秩序維持のために輸出禁止令が出された。

したがって、短剣で脅されたか火酒の瓶でつられた場合以外に、署名がなされることなど想定できるだろうか。土地登記簿はソドムとゴモラの犯罪者記録帳であり、土地所有者の誰かに先祖の行為の責任をかぶる気があるなら、ぺてんと恐喝のかどでただちに監獄に送られねばならなくなるだろう。ヤコブは、兄が飢え死に寸前で狼狩りから帰宅した際、一皿のレンズ豆と引き換えに、兄の放牧地をすべて奪い取った。われわれは今になって、エサウの子孫が牧草地を利用するのを警察をつかって妨害することによって、この不当利得に道徳的な聖別を与えるべきなのだろうか。

しかしながら、われわれの先史時代の古文書の真相を暴くためには、エサウまでひっぱり出す必要はない。「多くの国々の移住はもともと占有、征服の途上で行なわれ、その後も、現存している区分は頻繁に剣によって変更されてきた(1)」。そして今日も、われわれの眼前で、ある国の占領がどのように進められているだろうか。黒人のヘレロ族の王は、ホッテントットから奪った土地を、自分用の一本の火酒と王妃用の色とりどりの衣装と引き換えに売り払った。何一〇〇万ヘクタールにもおよぶ家畜の放牧地すべてを、である。彼は火酒で朦朧となった頭で、書類に背信的な十字架の印を書き込んだ際に、自分が何をしているか分かっていたのだろうか。彼は、今後この書類が貴重な古文書として、聖所が鉄の柵で保護されるように、昼夜を分かたず歩哨によって守られることになるのを、知っていたのだろうか。彼は、今後、自分と自分の全国民があのぎごちない十字架の印に釘付けにされ、自らも自らの子供も孫も、今朝から永遠に、自分の雌牛のために地代を払わなければならなくなることを、知っていたのだろうか。彼は書類に宣教師から教えられた十字架の印を描いた際には、それを知らなかった。どうすればキリストの印によって、騙《だま》され盗まれることが起こりうるのだろうか。それに、もし彼が書類の意味を知ることができたとするなら、なぜそのごろつきどもは売国奴としてそのあたりの手近に生えている木に縛りつけられなかったのだろうか。しかし彼は、そこから明確に読み取れること、すなわち書類の内容が実行に移されればすぐに、「ぺてん師のならず者」（ドイツの新聞では、手に入る武器で「解放闘争」を先導した不運な原住民と呼ばれていたが、普通に見れば、放火殺人犯、盗人、ならず者等であった）を追い出すために、自ら決起することになるのを、知らなかった。だが無論、それも無駄に終わる。なぜなら、追い出し猟、駆り立て猟が行なわれて、仕留められずにすんだごく少数の者も荒野に追いやられ、そこで餓死したからである（トロタ将軍の公式発表参照）。こうしたやり方でその際に占拠された土地は、当局の情報によると、以下のように分配された。(2)

（1）南西アフリカ・ドイツ植民協会	一三五〇〇〇平方キロメートル
（2）入植協会	二〇〇〇〇平方キロメートル
（3）ハンザ土地、鉱山、通商協会	一〇〇〇〇平方キロメートル
（4）カオコ土地、鉱山協会	一〇五〇〇〇平方キロメートル
（5）南西アフリカ商会	一三〇〇〇平方キロメートル
（6）南アフリカ領株式会社	一二〇〇〇平方キロメートル
総計	二九五〇〇〇平方キロメートル ＝九億モルゲンの土地

これの六つの土地取得者は、九億モルゲンの土地と引き換えに何を与えたのだろうか。一本の火

酒、すなわちレンズ豆である。以上が、アフリカ、アジア、オーストラリアで起こったことであり、現在も起こっていることである。

南米では署名がわりに十字架の印をつけた書類も作成されなかったので、ことはずっとたやすく運んだ。のちに大統領となるロカ将軍が、パンパの肥沃な牧草地からインディオを追い出すために、部隊とともに派遣された。彼らは大部分の人間を撃ち殺し、女子供は安い労働力として首都に移送し、残りはネグロ川の向こうに追放した。その後、土地は分割されて兵士たちに譲渡されたが、その権利はたいていの場合、火酒や色とりどりの布地と引き換えに、何はさておき売りとばされた。(3)

まぎれもなくこのようにして、おそらく世界に存在する土地のなかでも最も良質で最も肥沃な土地を今日所有する者の「神聖不可侵の権利」は生じたのである。何百万頭もの羊、馬、牛の運動場、すでに形成途上にある新たな大国民のための土地は、今日、たった一本の火酒を与えただけの一握りの人々の所有物になっているのである。

北米の最近の入植地には、たいてい人が住んでいなかった。そこでは誰でも、土地をたやすく必要なだけ手に入れることができた。成人であれば男女を問わず誰でも、一六〇アッカーの土地を得られる権利があったので、成人した六人の子供がいる家族は、一〇〇〇アッカー＝四〇〇ヘクタールの土地を利用できた。若干の木を植え、手入れする義務と引き換えに、誰でも二倍のアッカー（つまり三二〇アッカー）の土地を所有することを許された。一定の期間（六年）が経過すれば、土地は登記され、その後は売却も可能となった。このような「個人住宅」が安い価格で購入されることにより（というのも、このようなたやすくどこでも手に入れられるものには、多くを要求できないからである）、何千ヘクタールにもおよぶ巨大農場が生まれたのである。価格は一本の火酒、つまりレンズ豆であった。かくして、二人のルクセンブルクの農民、ミュラー氏とルックス氏は、今日のカルフォルニアに、プロイセンとリッペ（訳註 ドイツ北西部にかつてあった州）がそっくり収まるほどの広大な領地を所有することになった。価格は一本の火酒、つまりレンズ豆であった。

北太平洋鉄道は、政府から鉄道建設の認可を無償で受け、それに加えて線路の左右に沿って延びる土地の半分、つまり内陸に向かって四〇マイルの土地も取得した。考えてもみたまえ、全長二〇〇〇マイルにもおよぶ鉄道の左右に延びる四〇マイルの土地である！　価格はいくらか。火酒の値段だろうか。いや、火酒より安い――無料である！

カナダ太平洋鉄道の場合も、事情は似たようなものである。この鉄道会社によって発行されたパンフレット『オリエントに向かう世界街道』には、五ページに、「当社は一九二〇マイルの鉄道建設を請け負った代償として、政府からいくつかの特権と自由、さらには二五〇〇万ドルの資金、（驚くなかれ）二五〇〇万モルゲンの耕地、六三八マイルのすでに完成した鉄道を受け取った」と書かれている。

建設されるべき鉄道をこのような成果の代償と見なすことができると考える者は、ひどい思い違いをしている。いま引用したパンフレットには、鉄道はすべて会社の所有物になる、と書かれている。だがそうだとすると、当然の疑問だが、寄贈された二五〇〇万モルゲンの耕地、二五〇〇万ドルの資金、六三八マイルの完成済みの鉄道、価値ある自由の返礼は、どこに見いだされるのだろうか。回答は火酒、レンズ豆、投下資本の利子の損失リスクである。

かくして、この最も肥沃で、最も美しく、最も健全な土地のひとつで、二五〇〇万モルゲンの耕地があっさりと私的所有物と化したのである。寄贈されることになっていた土地を吟味する努力すらなされなかった。鉄道建設の途上ではじめて、土地の並外れた肥沃さ、景観の美しさ、石炭と鉱石の豊かさが「発見」されたのである。しかもこれは、アフリカではなく、かつてそのすぐれた行政管理で名を轟かせたカナダでのことなのである。

今日、ヨーロッパが自らの耕地と同じくらい依存している土地の私的所有は、こうして生じたのである。

われわれは、私的所有が今日どのようにして生じるかを知ってしまった以上、過去にそれがどのように生じたかを、これ以上調べる必要があろうか。スペイン人は言う。「Peor es menearlo. かき混ぜればかき混ぜるほど、厄介なことになる」。死にゆく者が教会に領地を遺贈するときに、われわれは教会に地獄がどこまで劫火で熱せられたか尋ねる必要があろうか。われわれは、伯爵、侯爵、男爵に、どんな反逆的手段をつかって、病で弱った皇帝から、軍役税を課せられた封土の無課税の所有地への変更を勝ち取ったのかとか、皇帝から特権と土地所有をゆすり取るために、どのようにして略奪的な隣人の来襲をまたとない好機として利用したかを、尋ねる必要があろうか。「Peor es menearlo. かき混ぜると、鼻につく」。われわれは、イギリスの地主に、イギリス人はどうやってアイルランドの土地を所有するにいたったか、尋ねる必要があろうか。強奪、殺戮、反逆、遺産横領が、これらの問いにたいする答えであろう。そして、このような回答では満足しない者には、昔話、酒宴の歌、種族の肉体的精神的な痛ましい滅亡が、私的土地所有の起源についての望みどおりの十全な回答を与えるだろう。その者も、子孫への遺産を遊興で遣い果たし、のちの世代のことなどつゆほども気にかけなかったわれわれの祖先が、大酒飲みの一味に加わったことも、得心がいくだろう。あとは野となれ山となれ、が彼らのモットーだったのである。

さて、われわれは、飲み干された酒瓶への敬虔なる崇敬の念から、彼らがわれわれに遺産として残した汚された血、障害を負った手足にたいする感謝の念から、この軽薄な同胞が生み出し、「年を経て威厳すら備えるようになった」状況を維持していかねばならないのだろうか。

死者の所業は、われわれにとって決定的なものではない。各時代には固有の解決すべき課題がある。それに取り組みさえすればよい。枯れた木の葉は秋の嵐で散り、路上で死んだモグラは虫が喰い尽くし、放牧されている家畜の糞は甲虫が埋める。要するに、自然は死んだものが無に帰し、そのことによって大地が常に若く新鮮に保たれるように、配慮するのである。自然は死を想起させるあらゆるものを憎む。私はいまだかつて、枯死した松の生気のない枝組みがそそり立つ若い同種の個体に支柱や梯子として役立っているのを、目にしたことはない。まだ種子が発芽する前に、嵐が枯木を倒してしまったのである。古木の陰では若木は成長できないが、古木が倒れるやいなや、若木はすべて芽を出し、成長する。

死者とともに、彼らの所業と法も葬ってしまおう。古文書と土地登記簿を薪のように積み上げて、そこに死者を横たえよ。棺はできそこないの窮屈なベットである。それに、法と土地登記簿はわれわれにとって、われわれの先祖の精神の覆いを横たえる棺以外の何ものだというのだろうか。だから、黴びて朽ちたがらくたなど火にくべてしまえ！　屍ではなく灰から、不死鳥は飛び立つのである！

原註

（1）Anton Menger: Das Recht auf den vollen Arbeitsertrag. 第四版、二ページ

（2）Deutsche Volksstimme. 一九一四年一二月二〇日

（3）『Hamburger Fremdenblatt』一九〇四年一二月二二日号に、次のような報告が載っている。「アルゼンチンの私的大農地にて、一二月二一日、ハンブルグ。当地の総領事が報告しているように、最近アルゼンチンの大規模所有地の売却が行なわれ、そのことにより、この国の土地の価格がどれほど上昇するかがはっきり示された。アントニオ・デボートは、パンパ地域で、イギリス系の南米土地会社から、一万二〇〇〇頭の有角家畜と三〇万頭の羊等込みで、一一六レグアの土地を二八五〇万ドル、つまり二五〇〇ヘクタール＝

一レグアあたり約五万ドルで購入した。小麦王と呼ばれるホセ・グアソーネは、ブエノス・アイレス地方のナバリア地域で、五レグアの土地を二〇万ドルで購入した。ユダヤ入植協会は、ピケとパンパ中央部の計四〇レグアの土地を、一レグアあたり八万ドルで購入したが、その土地は、販売者のフェデリコ・ルロワールが一八七九年に一レグアあたり四万ドルで購入したものだった。一八七八年にインディオの家族集団から解放されたこれらのパンパの所有地はすべて、一八七九・八〇年に政府によって、一レグア＝二五〇〇ヘクタールあたり四〇〇ドルで公的に売りに出されたものだった。これらは牧畜に特に適しており、その価値はそれ以来一五〇倍から二五〇倍も上昇した。これは国の繁栄と将来のためのよい徴候である」

記事では価格が二〇〇倍上昇したと算定されているが、実際の価格上昇はそれをはるかに越えていることを、ここで言い添えておかねばならない。二五〇〇ヘクタール＝一レグアあたり四〇〇ドルは、現在のペソの三〇分の一で流通したモネダ・コリエンテで支払い可能であった。したがって、価格上昇は三〇×二〇〇＝六〇〇〇倍になる。兵士たちは自分たちの土地の取り分をマッチ棒と引き換えに売り払った、と伝えられている。

第六章　自由地にはなし得ないこと

土地国有化が重大な結果をもたらすようになるにつれて、その効果が誇張される可能性がある。

自由地は多くの者がそう思い込んでいるような万能薬かといえば、むろんそんなことはない。ヘンリー・ジョージは、自由地によって、利子、経済の停滞（恐慌）、失業も消えてなくなる、という見解を抱いていた。たしかに彼はこの見解を、彼の主な要求を支える決意と豊かな思想をもって主張したわけではなかったし、われわれはこうした微温的な態度のなかに、彼自身がまだ深刻な疑いを抱いており、自分がこうした状況にたいする十全で明確な洞察にいたっていないことに気付いていた証拠を見いだす。しかし、彼の信奉者たちは、こうした疑いを抱いていない。

それは、ヘンリー・ジョージにおいては見解や信仰箇条の域を出ていなかったが、彼の信奉者であるいわゆる土地改革者たちにいたっては、疑う余地のない原理と化してしまった。ミヒャエル・フリュールシャイム Michael Flürscheim だけが、そこでは例外をなしていたが、そのことにより、彼こそはドイツにおける土地改革思想を再び蘇らせるすべを心得ていた人物だったにもかかわらず、他のすべての土地改革者たちは再び彼から離反していった。たしかにそれは、利子や危機にかんするジョージの見解が、彼の信奉者たちにとってはそれに則ってうまく考えるための不可侵の真理として重きをなしていた最もよい証拠であり、それについて考えることは一種の背教と見なされたのである。

自由地は生産物の分配に影響を及ぼすものの、失業と経済の停滞（恐慌）に際しては、分配ではなく交換（ないし商取引）が問題となり、利子も、地代よりはるかに強い影響を生産物の分配に及ぼすとはいえ、交換にかかわる単なるひとつの要因にすぎない。というのも、利子の額を決定する行為、すなわち将来生産されるものと引き換えにすぐにも提供可能な貯蔵商品を供給することは、交換であり、交換以外の何ものでもないからである。それにたいし、地代の場合は交換が起こらない。地代生活者は地代を我が物にするだけで、それと交換に何かを与えることはない。地代は収穫物の一部であって、交換対象ではない。それゆえ、地代発生についての研究も、利子問題を解決するための拠り所とはなり得ないのである。

失業、経済の停滞（恐慌）、利子の問題には、そのもとでそもそも交換が生じうる条件を研究することではじめて、回答を与えることができる。こうした研究を、ジョージは行なわなかったし、ドイツの土地改革者たちも行なわなかった。したがって彼らには、利子、経済の停滞（恐慌）、失業について確固たる根拠に基づいて解説することは、まったく不可能であった。今日でもまだドイツの土地改革者たちの頭を混乱させているジョージの利子理論は、信じられないほど粗雑ないわゆる結実理論で、彼の同じくらい皮相な恐慌理論（富者の消費と収入の不均衡）と同様に、利子、失業、恐慌に伴う諸現象のうちのたったひとつしか説明できない。

そしてそのことが、土地改革者たちの弱点になってきた。彼らは一方では、自分たちだけがすべての「社会問題」を解決できると主張しながら、他方では、われわれの国民経済の深刻な弊害にかんして、厳密な再検討に耐えられる、満足のいく説明ができずに、無能さをさらけ出してきたのである。それに、土地改革者たちは解明するだけではなく、われわれの国民経済の前述した弊害をとり除くための手段も提示する必要に迫られていた。しかし、土地改革者たちがぞっとするような境遇から救い出したいと願っている労働者たちは、地代の国有化だけではまだ救われないのである。労働者たちは労働全収益、つまり地代と利子の撤廃を待望しているのであり、さらに加えて、経済の停滞（恐慌）と失業を起こり得ないものにする国民経済も待望しているのである。

土地国有化の効果をこのように誇張することは、運動全体にとって、計り知れない弊害をもたらす。われわれはこれから、利子、経済の停滞（恐慌）、失業が生じる諸状況とこのような弊害を除去するためにとりうる方策を研究していくことになる。その際には、評判の悪い、あらゆる国民経済学的問題のなかでも最も込み入った問題のひとつが、取り上げられる。しかし、事態はそれほど憂慮すべきものではない。その問題は、学問の手で込み入ったものにされているだけで、現実には諸事実は美しく整然と並んでおり、われわれはそれを整列させるために正しい糸口から着手しさえすればよいのである。

訳者あとがき

本書は、ゲゼル・セレクションにおいて三巻分冊で刊行予定の、シルビオ・ゲゼルの主著『自由地と自由貨幣による自然的経済秩序』第四版（Die natürliche Wirtschaftsordnung durch Freiland und Freigeld. 4. Auflage, Berlin, 1920）全訳の第一巻にあたります。原書は五部から構成されていますが、本書にはそのうち第一部と第二部が収められています。

ゲゼルは初期のアルゼンチン時代に、『貨幣制度改革』（山田明紀訳〔本セレクション所収〕）、『貨幣の管理』（山田明紀訳〔本セレクション近刊〕）等、六冊の著作を自費出版し、この段階ですでに「錆びる紙幣」について論究していますが、その関心は主に社会問題と貨幣制度に向けられていました。その後ゲゼルは一九〇〇年にスイスに居を移し、一九〇二年に創刊した『貨幣改革』という雑誌のタイトルを一九〇四年には『貨幣＝土地改革』へと変更したことにも見られますように、「土地の社会化」にも重点を置くようになります。いわば「貨幣制度と土地制度にたいする二重改革論」の立場をとるようになるのです。そのひとつの結実が一九〇六年に出版された『貨幣改革と土地改革による労働全収益の実現 Die Verwirklichung des Rechtes auf den vollen Arbeitsertrag durch die Geld-und Bodenreform.』であり、一九〇七年から一九一一年までのアルゼンチン滞在をはさんだのちに初期著作の総括として一九一一年に出版された『貨幣と利子の新理論 Die neue Lehre von Geld und Zins.』とともに、一九一六年に合冊されて『自然的経済秩序』初版を構成することになります（初版には、『労働全収益の実現』と『貨幣と利子の新理論』第二版という副題がつけられています）。本巻に収められた部分は、そのうち土地改革論の部分に当たります。

『自然的経済秩序』はドイツ語版だけで第十版まであり、そのほかにも英語版、スペイン語版、フランス語版も出されていますが、ゲゼルの生前に出版されたのはドイツ語版第六版までと英語版だけであり、ドイツ語版第四版では大幅に改定されたものの、第五版、第六版では変更が加えられていませんので、全集編集者のヴェルナー・オンケン Werner Onken も述べていますように「第四版がゲゼル自身によって変更された最後の稿本」ということになります。

冷戦後、勝利したはずの資本主義の側も、新自由主義の進展にともない、利子率の低下、格差拡大、ヴァーチャル・電子空間による経済危機の拡大等が表面化し、末期的様相を呈してきています。かたや、各国でグローバル資本への反感から、排外主義、「自国民ファースト」が声高に叫ばれるようにもなってきています。

今こそ「金利こそが社会的不平等を生みだす元凶である」と喝破し、「資本主義なしの市場経済」（オンケン）を目指す、「資本主義でもなく共産主義でもない第三の道」（ゲルハルト・ゼンフトGerhard Senft）たる「自然的経済秩序」に、もういちど眼を向けるべきときではないでしょうか。

本書にはすでに、相田愼一氏の翻訳（ぱる出版、二〇〇七年）、またネット上に岩田憲明、廣田裕之両氏による翻訳がありますが、訳者としては力の及ぶかぎり原文に忠実に、ゲゼルの語り口調を再現するつもりで、訳出にあたりました。訳出中、先行訳を随時参照させていただきました。ここに記して感謝申し上げます。

文章中に、今日の観点からすると、人種、身体、職業等にかんして不適切と思われる表現が見られますが、当時の時代背景、意識を考慮し、故人の諧謔に満ちた文体を損なわないためにも、原文のままといたしました。

地道な出版活動を継続されている、アルテ社主市村敏明氏に感謝いたします。

二〇一八年四月

山田　明紀

◆著者

シルビオ・ゲゼル（Silvio Gesell）

1862年―1930年。ドイツに生まれる。1886年、アルゼンチンのブエノスアイレスに渡り実業家として成功を収める。その後、ヨーロッパに戻り、実業家としての自らの体験を踏まえつつ経済学の研究を行ない、1916年、主著『自然的経済秩序』を刊行し、自由地と自由貨幣を提唱する。1919年、バイエルン・レーテ共和国のランダウアー内閣で金融担当相として入閣するが、一週間で共産主義者が権力を奪取し、国家反逆罪に問われる。その後無罪となるが、1930年、肺炎により死去。ケインズは『雇用・利子および貨幣の一般理論』の中で、「未来の人々はマルクスよりもゲゼルの精神から多くを学ぶだろう」と評している。

◆訳者

山田　明紀（やまだ　あきのり）

1956年、北海道に生まれる。早稲田大学法学部卒業。法政大学大学院人文科学研究科哲学専攻修士課程修了（フランス哲学）。早稲田学習教室塾長（英語担当）。訳書にシルビオ・ゲゼル『貨幣制度改革』『国家の解体』（アルテ）など。

自然的経済秩序Ⅰ　――ゲゼル・セレクション

2018年5月25日　第1刷発行

著　者　シルビオ・ゲゼル
訳　者　山田　明紀
発行者　市村　敏明
発　行　株式会社　アルテ
〒170-0013　東京都豊島区東池袋2-62-8
BIGオフィスプラザ池袋11F
TEL.03(6868)6812　FAX.03(6730)1379
http://www.arte-pub.com
発　売　株式会社　星雲社
〒112-0005　東京都文京区水道1-3-30
TEL.03(3868)3275　FAX.03(3868)6588
装　丁　Malpu Design（清水良洋＋宮崎萌美）
印刷製本　シナノ書籍印刷株式会社

ISBN978-4-434-23980-9 C0033 Printed in Japan